dtv

Der indische Prinz Siddhartha Gautama wurde vor 2500 Jahren einer der bedeutendsten spirituellen Meister: Buddha, der Erleuchtete. Er verzichtete auf Reichtum und Luxus, um Antworten auf die tiefen Fragen des Lebens zu finden. Seine sanfte Lehre des Edlen Achtfachen Pfades zu Frieden und Erlösung hat sich in ganz Asien verbreitet und überzeugt auch im Westen immer mehr Menschen.

Bezeichnungen wie Karma, Wiedergeburt und Nirwana sind in unserer Alltagssprache geläufig, aber was bedeuten sie eigentlich? Im entspannten Gespräch erklärt Buddha diese und viele weitere Grundbegriffe und gibt persönliche Einblicke in sein Leben und seine Weisheitslehre.

Joan Duncan Oliver lebt und arbeitet in New York. Sie hat zahlreiche Artikel und Bücher zu Spiritualität und Lebensführung veröffentlicht, u. a.: *Contemplative Living* (2000), *Happiness* (2005) und *Good Karma* (2006).

Annie Lennox, weltbekannte Rockmusikerin und Sängerin, beschäftigt sich seit langem mit buddhistischer Weisheit. Sie engagiert sich im Kampf gegen Aids und gegen die Armut in der Welt.

Joan Duncan Oliver

AUF EINEN KAFFEE MIT BUDDHA

Mit einem Vorwort
von Annie Lennox

Aus dem Englischen
von Bettina Lemke

Deutscher Taschenbuch Verlag

Außerdem in der Reihe *Auf einen Kaffee mit ...*

Yona Zeldis McDonough, *Auf einen Kaffee mit Marylin* (dtv 34515)
James Hall, *Auf einen Kaffee mit Michelangelo* (dtv 34516)
Carlos I. Calle, *Auf einen Kaffee mit Einstein* (2009)
Donald R. Moor, *Auf einen Kaffee mit Platon* (2009)
Julian Rushton, *Auf einen Kaffee mit Mozart* (2009)

Deutsche Erstausgabe
Dezember 2008
Deutscher Taschenbuch Verlag GmbH & Co. KG,
München
www.dtv.de

Titel der Originalausgabe: *Coffee with The Buddha*

Umschlagkonzept: Balk & Brumshagen
Umschlagbild: akg-images
Satz: Greiner & Reichel, Köln
Gesetzt aus der Thesis Serif und der Thesis Mix
Druck und Bindung: Druckerei C. H. Beck, Nördlingen
Gedruckt auf säurefreiem, chlorfrei gebleichtem Papier
Printed in Germany · ISBN 978-3-423-34514-9

Inhalt

Vorwort von Annie Lennox

Meine erste prägende Begegnung mit dem Buddhismus war lebendig und unvergesslich. Als ich vor vielen Jahren in London studierte, nahm mich eine Freundin mit zu einem Auftritt tibetischer Mönche, die sangen und auf traditionellen, rituellen Instrumenten spielten. Ich war fasziniert von dem schrägen Klang der gegeneinander geschlagenen Zymbeln und der hochtönenden Blasinstrumente (sie klangen wie verrückt gewordene Oboen). All dies wurde von dumpfen Urlauten untermalt. Das Aussehen der Mönche verstärkte den seltsamen Eindruck: Sie trugen eine fantastische Kombination aus einer mittelalterlich wirkenden weinroten Robe und einer gelben, spitzen Kopfbedeckung. Ich hatte das Gefühl, auf etwas Uraltes und Mystisches gestoßen zu sein, wenngleich ich kaum etwas über die rituelle Bedeutung der Zeremonie wusste.

Ich habe mich stets von Dingen angezogen gefühlt, die »anders« waren. Die Vorstellung, dass buddhistische Mönche oder Nonnen stundenlang meditieren, hat mich schon immer fasziniert. Zunächst dachte ich, warum um alles in der Welt tut jemand so etwas? Später konnte ich es etwas besser verstehen.

Ich bin mit keiner bestimmten Religion oder spirituellen Tradition aufgewachsen und in gewisser Hinsicht war das ein Vorteil. Ich fühlte mich stets frei, alles Mögliche zu erkunden, ohne zu sehr von Angst- oder Schuldgefühlen belastet zu werden, die häufig durch Dogmen verursacht werden und so viele Menschen beeinflussen.

Die östliche Literatur faszinierte mich. In spirituell ausgerichteten Buchhandlungen stieß ich auf die Texte des chinesischen Philosophen Laotse. Überdies las ich Zentexte – Koans und Haikus. Ich fragte mich, ob ich möglicherweise in der Kombination der Worte, die mir prägnant, aber auch rätselhaft erschienen, den »Sinn der Existenz« erkennen würde.

Im Laufe der Jahre habe ich viel von den großen Buddhisten gelesen – etwa von Seiner Heiligkeit, dem Dalai Lama, von Chögyam Trungpa Rinpoche und Pema Chödrön, um nur einige zu nennen. Ich bin grundsätzlich offen für Weisheit, wo immer sie mir auch begegnet, anstatt mich an eine bestimmte Gruppe oder Sekte zu binden – wenngleich ich bereits ein paar Mal nahe dran war. Den Persönlichkeitskult, der viele Lehrer und Gurus umgibt, sehe ich mit großer Skepsis; gleichzeitig weiß ich, dass ein charismatischer Lehrer für die Entwicklung vieler Menschen eine große Bedeutung haben kann.

Wir können uns alle darum bemühen, den Frieden und die Liebe zu fördern. Doch in unserer Welt, in der die Existenz vergänglich und unvorhersehbar ist, befinden wir uns häufig in einem Zustand der Furcht. Egal, wie wir unsere Energien auch einsetzen, wir können dem Leid nicht gänzlich entkommen. Unsere Wünsche führen letztlich nicht zu wahrer Zufriedenheit, selbst wenn sie erfüllt werden. Der Buddhismus bietet Wege, mit all dem fertig zu werden. Dabei spielt das Mitgefühl eine entscheidende Rolle.

Wenn die Welt düster wird und es schwer ist, sie zu ertragen, kann die buddhistische Philosophie eine Quelle der Inspiration sein – zum Beispiel, weil sie uns einfach daran erinnert zu atmen, den Tag leicht zu nehmen und in jedem Moment so weit wie möglich achtsam zu sein. Wie Pema Chödrön so treffend gesagt hat, bietet der Buddhismus uns die Möglichkeit zu lernen, »uns angesichts der Unsicherheit wohlzufühlen«.

Einführung

Wir kennen ihn als Buddha, »den Erwachten«, als einen der größten spirituellen Führer der Welt. Er war kein Gott, sondern ein Normalsterblicher. Als Siddhartha Gautama wurde er vor 2500 Jahren in Nordindien geboren. Seine Menschlichkeit spricht noch heute zu uns. Er litt, so wie wir auch, und fand dann durch eigene Anstrengung den Schlüssel zur Befreiung von den Fesseln des Verlangens, des Hasses und der Unwissenheit. Wir Menschen in der westlichen Welt leben in relativem Wohlstand und können uns daher mit diesem Mann identifizieren, der alles hatte – Liebe, Erfolg, Geld, Talent und Privilegien. Doch er gab all dies auf, um nach etwas Tieferem und Dauerhafterem zu suchen.

Wie gelang ihm das? Was lernte er dabei? Wenn Buddha heute hier wäre, wie würde er uns die Wahrheiten vermitteln, die er entdeckte? Holen Sie sich eine Tasse Kaffee und machen Sie es sich mit diesem Buch gemütlich. Für die nächste Stunde gehört die Weisheit des Buddha Ihnen.

Buddha (ca. 560 – ca. 480 v. Chr.): Sein Leben in Kürze

Die Erde bebt. Löwen und Tiger, Schlangen und Skorpione werden zahm. Kranke sind auf einmal von ihren Leiden befreit. Die Menschen verhalten sich ausgesprochen liebenswürdig zueinander. Solche Wunder kündigen ein bedeutsames Ereignis an: die Geburt von Siddhartha Gautama, dem spirituellen Lehrer, der als Buddha bekannt ist.

Der Legende zufolge wurde Siddharthas Mutter Mahamaya vorhergesagt, dass sie einen *Mahapurusha*, einen großen Mann, zur Welt bringen würde. In einem Traum brachten sie himmlische Geister zu einer Hochebene im Himalaja, wo ein prächtiger weißer Elefant seinen Stoßzahn seitlich in ihren Körper rammte und so in ihre Gebärmutter eindrang. Brahmanen deuteten diesen Traum für Mahamaya und bereiteten sie so auf die Ankunft eines Helden vor.

Das Kind wurde nicht in der Stadt Kapilavastu geboren, wo Mahamaya mit ihrem Mann Suddhodana, dem Herrscher der Sakya, lebte, sondern in einem Hain in einem Park im nahe gelegenen Lumbini. Mahamaya wählte den stattlichsten Baum aus, griff nach einem Ast, um sich festzuhalten, und gebar ihr Kind ohne Schmerzen im Stehen. Es heißt, das Neugeborene sei auf seine Füße gesprungen, habe sieben Schritte getan, prüfend in alle vier Richtungen geblickt und gerufen: »Ich bin für die Erleuchtung geboren, zum Wohle der Welt.« Damit war Mahamayas heilige Aufgabe erfüllt und sie starb noch in der gleichen Woche. Die Betreuung des Kindes übernahm ihre Schwester Mahapajapati, Suddhodanas zweite Frau.

Die Nachricht von der Geburt verbreitete sich rasch. Der Seher Asita eilte zu dem Kind und sah, dass es die 32 glückverheißenden Zeichen eines *Mahapurusha* trug. Dazu gehörten auch die Abdrücke eines Rades auf jeder Fußsohle. »Dieser ist unübertroffen«, sagte Asita. Mit Tränen in den Augen prophezeite er: »Dieser Prinz wird das höchste Selbst-Erwachen erreichen. Er ... wird das Rad des Dharma aus Mitgefühl für alle in Bewegung setzen.«

Suddhodana und Mahamaya nannten ihren Sohn Siddhartha – »der sein Ziel erreicht«. Brahmanische Priester sagten voraus, dass der Junge entweder ein »weltverändernder« Monarch – ein *Chakravartin* – oder ein Buddha, ein »Erleuchteter«, werden würde. Ein Priester sagte, Siddhartha werde seine weltliche Existenz für ein heiliges Leben aufgeben, wenn er die folgenden vier

Dinge gesehen habe – einen kranken , einen alten , einen toten Menschen und einen Mönch.

Die vier Zeichen

Suddhodana war entschlossen, seinen Sohn zu einem weltbeherrschenden Monarchen zu machen. Er füllte Siddharthas Leben mit allen erdenklichen Vergnügungen und schirmte ihn von jeglichem Elend ab. »Ich führte ... ein überaus vornehmes Leben«, sagte Buddha später über seine Jugend. »Ein weißer Schirm wurde Tag und Nacht über mich gehalten, um mich vor Kälte, Hitze, Staub, Schmutz und sogar Tau zu schützen.« Nicht weniger als drei Paläste standen Siddhartha zur Verfügung – einer für den Winter, einer für den Sommer und einer für die Regenzeit. Groß, dunkelhaarig, attraktiv und wohlhabend, wie der junge Mann war, sah das Leben für ihn sehr vielversprechend aus. Doch als es an der Zeit war zu heiraten, machten die Eltern potenzieller Bräute sich Sorgen. Wie konnte jemand, der so verhätschelt worden war, jemals ein Königreich regieren? Daher führte Suddhodana seinen Sohn in die Kampfkunst ein.

Einer Legende zufolge gab man Siddhartha einen riesigen Bogen, den er mit der Sehne bespannen sollte. Es bedurfte normalerweise mehrerer Männer, um diese

Aufgabe zu bewältigen. Doch Siddhartha gelang es nicht nur, den Bogen mühelos zu bespannen, er schoss auch besser als alle anderen Bogenschützen. Nun waren die Adligen aus der Umgebung überzeugt von seinen Fähigkeiten und stellten ihm ihre Töchter im Palast vor. Eine Bewerberin nach der anderen stellte sich vor und Siddhartha wählte für jede ein Schmuckstück aus einer Schatulle aus. Als schließlich die letzte junge Frau vor ihm stand, war die Schmuckschatulle leer. Die versammelte Menge hielt den Atem an. Was würde Siddhartha tun? Er zögerte keine Sekunde. Er nahm seine eigene Smaragdkette ab und legte sie der jungen Frau um den Hals. Es war die wunderschöne Yasodhara, die seine Frau wurde und ihm einen Sohn, Rahula, gebar.

Siddharthas Leben war nun vollkommen, doch er wurde trotzdem unruhig und sehnte sich danach, die Welt zu erleben. Eines Tages bat er seinen Wagenlenker Chandra, ihn aus dem Palast zu bringen. Die Götter entschieden, dass es an der Zeit war, das Schicksal des zukünftigen Buddha in Gang zu bringen. Als er nach Kapilavastu kam, erblickte Siddhartha einen grauhaarigen Mann. »Was ist das?«, fragte er Chandra. »Das Alter«, erwiderte dieser. »Es ist der Mörder der Schönheit, der Ruin der Kraft, der Geburtsort des Kummers, das Grab der Freuden ...« »Lass uns schnell nach Hause zurückkehren«, sagte Siddhartha, doch die Saat war ausgebracht. »Wie kann ich mich an meinem Garten erfreuen, wenn die Furcht vor dem Alter in meinem Geist vorherrscht?«, klagte er.

Bei einem anderen Ausflug erblickte Siddhartha einen kranken Mann; bei einem weiteren sah er einen Leichnam. Mit jedem dieser Erlebnisse wurde Siddhartha mutloser: »In Mühsal wahrlich ist diese Welt geraten! Die Menschen werden geboren und altern, sie sterben und werden wiedergeboren. Aber sie finden doch keinen Ausweg aus diesem Leiden.«

Bei seiner vierten Begegnung sah er einen Wandermönch. Siddhartha war beeindruckt von dessen Ruhe. »Wer ist das?«, fragte er Chandra. »Ein Mann, der in größter Einfachheit und zurückgezogen von der Welt lebt«, erwiderte dieser. War das die Antwort? Ein heiliges Leben inmitten alltäglicher Ablenkungen zu führen ist nicht einfach, räumte Buddha später ein. »Da kam mir dieser Gedanke: Angenommen, ich würde mir Haare und Bart abrasieren, die gelbe Robe anziehen und von zu Hause fortgehen ... in die Heimatlosigkeit?« Zu diesem Zeitpunkt war er 29 Jahre alt.

Der Auszug

Ein paar Nächte später, nach einem Abend voller unterhaltsamer Darbietungen, wachte Siddhartha auf und sah, dass einige Tänzerinnen kreuz und quer im Raum lagen und mit offenen Mündern schliefen. Der Anblick erfüllte ihn mit Abscheu. Wussten diese Frauen denn nicht, dass Jugend und Schönheit vergänglich waren? Es musste doch mehr im Leben geben als vergängliche Freuden. Es war an der Zeit, als heimatloser Suchender »auszuziehen«.

Während Chandra sein Pferd sattelte, ging Siddhartha in den Raum, in dem seine Frau und sein kleiner Sohn schliefen. Er wollte Rahula gerade einen Abschiedskuss geben, doch da wurde ihm bewusst, dass er damit vielleicht Yasodhara wecken würde. Daher schlich er sich auf Zehenspitzen aus dem Zimmer. Er befürchtete, wankelmütig zu werden, wenn sie aufwachte. Sobald er ein Buddha geworden war, würde er zurückkommen, um seinen Sohn zu sehen.

Als Siddhartha den Palast gerade verlassen wollte, hatte er seine erste Begegnung mit Mara – dem »Bösen«, der ihn in entscheidenden Momenten seines Lebens immer wieder aufsuchte, um ihn auf die Probe zu stellen. Es war die Stimme der Versuchung – Siddharthas nach wie vor irregeführter Geist –, die ihn dazu drängte, auf dem gewohnten Pfad zu bleiben, anstatt sich auf den steinigen Weg zur Erleuchtung zu begeben. Wenn Siddhartha seine alberne Idee, enthaltsam zu leben, einfach wieder aufgab und zum Palast zurückkehrte, würde er in sieben Tagen ein großer Monarch sein, versprach Mara ihm. Siddhartha schüttelte diese Versuchung von sich ab. »Du begehst einen großen Fehler«, zeterte Mara. »Ab jetzt werde ich dir wie ein Schatten folgen. Du wirst niemals frei von mir sein.«

Als Siddhartha und Chandra den Rand des Waldes erreicht hatten, gab Siddhartha dem Wagenlenker die Zügel seines Pferdes in die Hand und schickte ihn zum Palast zurück. Chandra bat seinen Herrn inständig darum, ihn begleiten zu dürfen, aber ohne Erfolg. Später wurde Chandra einer der Anhänger des Buddha. Aber Siddharthas Pferd, so heißt es, sei noch in derselben Nacht vor Kummer gestorben.

Siddhartha schnitt sich Haare und Bart ab und tauschte seine feinen Gewänder gegen die einfache Robe eines Mannes, dem er unterwegs begegnete. Jetzt war er offiziell ein Wandermönch. Eines Tages, als er mit seiner Bettelschale in die Stadt Rajagaha kam, erblickte der dortige Herrscher, König Bimbisara, den jungen Mönch. »Du siehst wie ein edler Krieger aus, der in der Lage ist, eine Armee zu befehligen«, sagte Bimbisara zu Siddhartha. »Ich gebe dir ein Vermögen, wenn du mein Heer anführst.« »Ich bin nicht ausgezogen, um nach den Annehmlichkeiten der Welt zu suchen«, antwortete Siddhartha. »Ich sehe, wie gefährlich das ist, und suche Schutz in einem Leben voller Entsagung. Das ist mein Herzenswunsch.« Enttäuscht, aber beeindruckt von der Entschlossenheit des jungen Mannes sagte Bimbisara: »Wenn du gefunden hast, wonach du suchst, kehre zurück und lehre es mich.«

Die Luft verknoten

Auf der Suche nach dem höchsten Zustand erhabenen Friedens sah Siddhartha sich nach einem Lehrer um. Von dem Meister Alara Kalama erlernte er fortgeschrittene yogische Techniken, um den Geist zu transzendieren und einen Zustand des »Nichts« zu erreichen. Unter der Anleitung eines anderen Meisters, Uddaka Ramaputta, erreichte er eine noch höhere geistige Ebene. Aber keiner der beiden Lehrer kannte den Weg, um Furcht und Verlangen auszulöschen und vom Leiden befreit zu werden. Siddhartha erkannte, dass er diesen Weg selbst finden musste.

Gemeinsam mit fünf Asketen verbrachte er die nächsten sechs Jahre damit, strenge Praktiken der Entsagung zu üben, um Körper und Geist zu beherrschen. Er fastete, bis er so abgemagert war, dass er seine Wirbelsäule spürte, wenn er seinen Bauch berührte. Die extreme Selbstkasteiung mehrte zwar seine *Siddhis* – seine Hellsichtigkeit und andere übernatürliche Fähigkeiten –, aber sie brachte ihn dem Nirwana nicht näher. Später sagte Buddha über diese Phase, er habe seine Zeit mit dem Versuch verschwendet, »aus Luft Knoten zu machen«.

Eines Tages brach Siddhartha schließlich vor Hunger und Erschöpfung zusammen, und Mara tauchte wieder auf. »Du Armer, dem Tod so nah«, säuselte er. »Warum gehst du nicht nach Hause und lebst stattdessen als mitfühlender Weltherrscher?« Abermals widerstand Siddhartha der Versuchung. Aber er musste sich auch eingestehen, dass sein bisheriger Weg nicht funktionierte. Es musste sich etwas ändern.

Seine Gedanken schweiften zurück zu einem Nachmittag in seiner Kindheit, an dem seine Kindermädchen ihn während eines Pflügfestes im Schatten eines Rosenapfelbaums abgestellt hatten. Als sie zurückkamen, saß Siddhartha meditierend im Schneidersitz da. Er konnte sich noch immer an das tiefe Glücksgefühl erinnern, das an diesem Tag plötzlich in ihm aufgestiegen war. Konnte dies anstatt der »quälenden Praxis der Askese« der Schlüssel zum Erwachen sein? Eins war ihm jedenfalls klar. Mit leerem Magen konnte er diese Glückseligkeit nicht erreichen. Also entschloss er sich, das Fasten zu beenden. Der Legende zufolge kam genau in diesem Moment ein junges Mädchen vorbei und bot ihm eine Schale Reisbrei an.

Das große Erwachen

Als Siddhartha seine Stärke wiedererlangt hatte, machte er sich erneut auf die Suche nach der Erleuchtung. Die fünf Asketen hatten sich von ihm getrennt, da sie dachten, er habe sein Streben aufgegeben und sei zum Luxus zurückgekehrt. Aber das störte ihn nicht, schließlich hatte er wichtigere Dinge zu tun. Am Ufer des Neranjara, dort, wo sich heute die Stadt Bodhgaya befindet, suchte Siddhartha sich eine Pappelfeige aus – die später als Bodhi-Baum beziehungsweise Buddha-Baum bezeichnet wurde – und setzte sich darunter. Er gelobte, sich nicht zu bewegen, bis er das Nirwana erreicht hatte.

Der buddhistischen Mythologie zufolge fand sein großes Erwachen im Laufe einer ereignisreichen Nacht statt. Aber zunächst musste Siddhartha mit seinem alten Feind Mara fertig werden. Abermals versuchte der Böse, ihn von seinem Ziel abzubringen. Mara entfachte einen Sturm und nahm Siddhartha mit Speeren und Pfeilen unter Beschuss, aber dieser bewegte sich nicht. Wütend hetzte Mara sein Dämonenheer auf ihn, aber auch dieses wurde abgewehrt. »Sinneslust, Unzufriedenheit, Faulheit, Angst, Unentschlossenheit, die Kritik an anderen – das sind deine Heere«, sagte Siddhartha. »Ein fauler, feiger Mensch kann sie nicht besiegen, aber ich werde sie durch Weisheit zerstören.«

Mara zog seinen letzten Trumpf. »Steh auf, Siddhartha«, dröhnte er, »dieser Platz gehört mir.« »Nein, Mara«, entgegnete Siddhartha. Dies war der Platz, an dem alle zukünftigen Buddhas saßen, um die Erleuchtung zu erreichen. Er gehört dem, dessen Ziel es ist, die gesamte Schöpfung von den Fallstricken der Täuschung zu befreien. »Es steht dir nicht zu«, fuhr Siddhartha fort, »jemanden zu töten, der sich dafür einsetzt, die Menschheit von ihren Fesseln zu befreien.«

»Aber wer wird deine Bemühungen bezeugen?«, fragte Mara hämisch. Siddhartha berührte mit seiner Hand den Boden. Da erbebte die Erde zur Unterstützung mit einem lauten Grollen. Nun gab Mara sich geschlagen und zog sich zurück.

Nachdem er seine inneren Dämonen bezwungen hatte, begab sich Siddhartha in eine tiefe Meditation und durchlief die vier *Jnanas* – die Stufen der Versenkung –, bis sein Geist ruhig und klar war. Dann zogen nacheinander seine bisherigen Leben vor seinen Augen vorbei. Als er sie kommen und gehen sah, erkannte er, dass die Wahrheit der Vergänglichkeit ein wesentliches Element der Existenz ist. Alles, was entsteht, vergeht auch wieder.

Siddharthas zweite Erkenntnis betraf die Wahrheit des Karma, des Gesetzes des Handelns. Er betrachtete die 31 Existenzebenen und sah, dass alle Wesen entsprechend ihrer früheren Handlungen wiedergeboren werden. Schlechtes Verhalten führt zu einer unglücklichen Wiedergeburt, gutes Verhalten dagegen zu einer glücklichen.

In den letzten Stunden der Nacht hatte Siddhartha seine tiefste Erkenntnis – sie beinhaltete grundlegende Gesetze der Existenz, die er später als die Vier Edlen Wahrheiten bezeichnete. Er begriff die Wahrheit von *Dukkha*, dem grundlegenden Leiden beziehungsweise der Unzufriedenheit mit dem Leben: »Die Geburt ist Leiden, das Altern ist Leiden, Kummer und Klagen, Schmerzen, Trauer und Verzweiflung sind Leiden.« Er sah auch die Ursache von *Dukkha* – die Unwissenheit über die wahre Natur der Realität sowie das unstillbare Verlangen. Und er erkannte auch das Gegenmittel: Die Freiheit von Verlangen und der Anhaftung am Selbst. Schließlich erkannte er auch den Weg zum Erwachen: Es ist der Edle Achtfache Pfad, mit dem man Sittlichkeit, Meditation und Weisheit fördert.

Als der Morgenstern aufging, erreichte Siddhartha das Nirwana – »die nicht alternde, nicht kranke, todlose, kummerfreie, höchste Sicherheit vor dem Joch«. Der *Bodhisattva*, der nach Erleuchtung Strebende, hörte auf zu existieren. An seiner Stelle saß der Buddha, der Erwachte. Fortan kannte man ihn als Tathagatha, den »So-Dahingelangten«. Er war nicht länger im *Samsara*, dem Kreislauf von Tod und Wiedergeburt, gefangen. Dieses Leben würde sein letztes sein.

Nach der Erleuchtung

Es heißt, Buddha habe die nächsten 49 Tage meditierend beim Bodhi-Baum gesessen und weiter über die tiefen Wahrheiten nachgedacht, um die er so lange gerungen hatte. Er fragte sich, ob er sie an andere weitergeben sollte. Nein, befand er, denn warum sollte er sich die Mühe machen? Es wäre nur eine Verschwendung von Worten. Dieser *Dharma* – dieses Wissen – war zu subtil, zu komplex für die meisten Menschen.

An diesem Punkt schaltete sich der Gott Brahma Sahampati ein. »Die menschliche Rasse ertrinkt im Leid«, sagte er und bat Buddha darum, seine Entscheidung zu überdenken. Als er erkannte, dass das Erwachen nicht nur seinem eigenen Wohl dienen sollte, lenkte der Buddha ein. Aber wen sollte er zuerst unterweisen? Seine ehemaligen Lehrer waren gestorben. Dann erinnerte er sich an die fünf Asketen, die im Hirschwald in Sarnath, in der Nähe von Benares (dem heutigen Varanasi) lebten. Er zog los, um sie zu finden. Unterwegs traf er seinen alten Bekannten aus dem Wald. »Du siehst ja großartig aus – so gelassen«, sagte der Mönch. »Wer ist dein Lehrer?« Der Buddha schilderte ihm sein großartiges Erwachen, doch das überzeugte den Mönch nicht. »Wie dem auch sei«, murmelte er und eilte kopfschüttelnd von dannen.

Zunächst sah es so aus, als würde der Empfang des Buddha im Hirschwald nicht besser ausfallen. Die fünf Asketen waren zwar höflich, aber sie hatten nicht vergessen, dass er »weich« geworden war. Doch auch sie wurden von der Gelassenheit des Buddha angezogen. Sie hörten aufmerksam zu, als er ihnen die Vier Edlen Wahrheiten und den Mittleren Weg erläuterte – den gemäßigten Pfad zwischen Genusssucht und Selbstkasteiung. Danach waren die Asketen so inspiriert, dass alle kurz darauf die

Erleuchtung erreichten. Sie wurden die ersten *Bhikkus* – Mönche – des Buddha.

Die Verbreitung des Dharma

Die Predigt des Buddha im Hirschwald bezeichnete man später als das »erste Ingangsetzen des Rades des Dharma«. Es war der Anfang seiner 45-jährigen Lehrtätigkeit. Bis zu seinem Tod im Alter von 80 Jahren zog Buddha fortan kreuz und quer durch die Ebene des Ganges, um den Dharma Mönchen, Nonnen und Laienanhängern jeder gesellschaftlichen Schicht zu vermitteln. Die etwa zehntausend heute noch existierenden *Sutras* – die Texte, die sich auf die Lehren Buddhas beziehen – spiegeln lediglich einen Teil seiner Unterweisungen wider.

Als 60 Mönche die Erleuchtung erreicht hatten, sandte Buddha sie aus, um seine Lehre zu verbreiten. »Geht nun und zieht zum Wohle und Glück vieler umher, aus Mitgefühl gegenüber der Welt«, sagte er zu ihnen. »Lehrt den Dharma, der gut am Anfang, gut in der Mitte und gut am Schluss ist …« Der *Sangha* – die Gemeinschaft der Schüler – wuchs rasant schnell. Die meiste Zeit im Jahr zogen die Mönche umher, aber während der Regenzeit hielten sie sich in Parks auf, die von wohlhabenden Anhängern gestiftet worden waren. Einer dieser Parks, der Bambushain, war ein Geschenk des Königs Bimbisara, denn Buddha hatte sein Versprechen eingelöst und war zurückgekehrt, um dem König seine Lehre zu vermitteln. Der großzügigste Wohltäter des *Sangha* war ein Kaufmann namens Anathapindika – der »Ernährer der Armen«. Er war so entschlossen, einen ruhigen Rückzugsort für den Buddha zu finden, dass er einmal einen ganzen Park mit Goldstücken auslegte, um den Besitzer, Prinz Jeta, dazu zu bringen, ihn zu verkaufen. Nach und nach trat auch die Familie des Buddha dem *Sangha* bei. Seine Stiefmutter setzte sich sogar für die Gründung eines Ordens buddhistischer Nonnen ein. Buddha lehnte die Idee zunächst ab. Doch dann überzeugte ihn sein zutiefst mitfühlender Begleiter und Cousin Ananda, dass es richtig war, den Orden zu gründen. Der Buddha machte in seinen Lehren zwar keinen Unterschied zwischen Männern und Frauen, doch bei Mönchen und Nonnen war es anders. Noch heute haben buddhistische Nonnen strengere Regeln – und einen niedrigeren Status – als Mönche.

Als Buddha sieben Jahre nach seiner Erleuchtung nach Kapilavastu heimkehrte, sagte seine Frau zu Rahula: »Bitte deinen Vater um dein Erbe.« Der Junge erwartete Reichtümer, doch Buddha bot ihm etwas Wertvolleres an – den Dharma. So wurde Rahula ein Mönchsnovize.

Nicht viele Väter geben als väterlichen Rat den Dharma weiter, aber im Laufe der Jahre erhielt Rahula auf diese Weise seinen gebührenden Anteil. Einmal sagte Buddha zu Rahula, dass er niemals lügen solle, auch nicht aus Spaß. Er empfahl dem Jungen, seine Gedanken, Worte und Taten zu prüfen, so als würde er sich im Spiegel betrachten. Er sollte stets darauf achten, weder sich selbst noch anderen zu schaden. Ein anderes Mal sammelte Rahula, der mittlerweile 18 Jahre alt war, gemeinsam mit Buddha Almosen. Dabei begann er tagträumerisch darüber nachzudenken, wie sein Leben wohl ausgesehen hätte, wenn sein Vater ein mächtiger Monarch und kein Mönch geworden wäre. Buddha unterbrach seine Gedanken mit der Ermahnung: »Jegliche materielle Form, jeden Gedanken und jedes Gefühl, ob vergangen oder gegenwärtig, sollte man folgendermaßen sehen: Das gehört mir nicht, das bin ich nicht, das ist nicht mein Selbst.« Was auch immer im Leben geschehen mochte, ob Gutes oder Schlechtes, Rahula sollte es sich nicht zu Herzen nehmen oder darauf reagieren. Außerdem gab der Buddha ihm die folgenden Anweisungen:

> Praktiziere liebende Güte, um jegliche Böswilligkeit zu überwinden.

Praktiziere Mitgefühl, um jegliche Grausamkeit zu überwinden.
Praktiziere Mitfreude, um jegliche Teilnahmslosigkeit zu überwinden.
Praktiziere Gleichmut, um jeglichen Unmut zu überwinden.
Praktiziere die Kontemplation über die Ekelhaftigkeit des Körpers, um jegliches Verlangen zu überwinden.
Praktiziere die Kontemplation über die Vergänglichkeit, um den »Ich-Dünkel« zu überwinden.
Praktiziere die Achtsamkeit auf den Atem: Denn wenn sie geübt wird und sich entfaltet, bringt es viele Früchte und Segnungen mit sich.

Da der Buddha großen Wert auf die Meditation als Mittel zum Erwachen legte, könnte man annehmen, dass er fast seine gesamte Zeit zurückgezogen in Kontemplation verbrachte. Doch das war nicht der Fall. Abgesehen von der Regenzeit, in der er sich in die Abgeschiedenheit zurückzog, war Buddha ständig unterwegs. Sein voller Zeitplan ähnelte dem des gegenwärtigen Dalai Lama. Ständig kamen Menschen zu ihm, die Rat oder eine Ausrichtung für ihr Leben suchten oder einfach in seiner Nähe sein wollten. Morgens zog der Buddha allein oder mit seinen Mönchen los, um Almosen zu sammeln. Wurde er zum Essen in ein Haus eingeladen, gab er im Gegenzug etwas von seinem Wissen an die Bewohner weiter. Im weiteren Verlauf des Tages unterwies er in der Regel die Mönche und hielt öffentliche Versammlungen ab. Zwischendurch machte er manchmal eine kleine Pause, um zu baden und zu meditieren, bevor es an der Zeit für persönliche Gespräche war. Doch selbst wenn er sich am Ende eines Tages zurückzog, gab er sich nicht dem Müßiggang hin. Es heißt, er habe nur eine Stunde pro Nacht geschlafen. Während der Meditation ließ er sein weises Auge über die Erde und den Himmel wandern, um all diejenigen zu finden, die Hilfe benötigten.

Das grenzenlose Mitgefühl des Buddha war legendär. Nie verurteilte er andere oder würdigte ihre Überzeugungen herab. Daher wurden sogar Menschen zu seinen Anhängern, von denen man es keineswegs vermutet hätte. Es gab beispielsweise einen gefürchteten Mörder namens Angulimala, der Reisenden auflauerte, sie tötete und ihnen einen Finger abschnitt, um ihn zusammen mit denen seiner bisherigen Opfer an einer Schnur um den Hals zu tragen. Eines Tages erblickte Angulimala den Buddha, der auf einer Straße entlangging. Er dachte sich: »Sieh mal einer an, ein Mönch alleine unterwegs. Ich werde ihn töten.« Er schlich sich von hinten an Buddha heran und rief: »Bleib stehen, Mönch!« Buddha drehte sich um und antwortete: »Ich bin längst stehen geblieben, Angulimala: Ich habe ein für alle Mal damit aufgehört, Gewalt gegenüber anderen Wesen auszuüben. Auch du kannst jederzeit stehen bleiben und deinem Tun Einhalt gebieten.« Da warf sich Angulimala Buddha zu Füßen und bat ihn darum, ihn als Mönch zu ordinieren. Obwohl er ein guter Mönch wurde, konnten viele Menschen Angulimalas Vergangenheit nicht vergessen und weigerten sich, ihm etwas zu essen zu geben, wenn er um Almosen bat. »Das musst du nun mal ertragen«, sagte Buddha mit sanfter Stimme zu ihm. »Das ist das karmische Resultat deiner bisherigen Taten.«

Das endgültige Nirwana

Als er auf die achtzig zuging, begann Buddha, seine Angelegenheiten zu ordnen, und bereitete den *Sangha* auf die Zeit nach seinem Tod vor. Er hatte schwierige Zeiten durchgemacht. Dazu gehörten auch die Meinungsverschiedenheiten im *Sangha* und sogar Angriffe auf sein Leben durch einen ehrgeizigen Cousin. Seine wichtigsten Schüler, Sariputta und Moggallana sowie andere Anhänger, die ihm sehr nahestanden, waren gestorben. Der treue Ananda sorgte dafür, dass sein Leben harmonisch verlief, und in seinem großartigen Gedächtnis speicherte er jedes Wort Buddhas. Dies war nach dessen Tod von unschätzbarem Wert, als man begann, seine Lehren und die Ordensregeln festzuhalten. Doch angesichts der Vorstellung, seinen geliebten Lehrer zu verlieren, war Ananda so betrübt, dass ihm mehrere deutliche Hinweise entgingen, wonach Buddha, falls er darum gebeten worden wäre, »die Zeiten hätte überdauern« und bis zum Ende jener historischen Ära hätte verweilen können. Doch als Ananda ihn schließlich darum anflehte, war es zu spät.

In einem ungeschützten Moment bekam Buddha ein letztes Mal Besuch von Mara. »Du bist müde. Warum lässt du nicht alles liegen und stehen und begibst dich in dein endgültiges Nirwana?«, fragte der Böse ihn mit säuselnder Stimme. »Nicht bevor im Orden alles geregelt ist«, antwortete Buddha. Zusammen mit Ananda besuchte er noch einmal seine Anhänger. Die beiden Männer zogen langsam von Stadt zu Stadt. Eines Tages aß Buddha eine verdorbene Mahlzeit und erkannte, dass das Ende gekommen war. In einem Hain in Kusinara (dem heutigen Kushinagar) legte er sich in seiner charakteristischen »Löwenposition« auf seine rechte Seite und ging im Beisein seiner Mönche ins *Pari-Nirwana* ein – es war seine endgültige Erlösung. Die letzten Worte des Buddha an seinen *Sangha* enthielten eine klare Aufforderung: »Schwinden muss jede Erscheinung. Unermüdlich mögt ihr nach Erleuchtung streben.«

Buddha hatte genaue Anweisungen für seine Verbrennung hinterlassen und verfügt, dass seine Asche als Relikt an verschiedenen Orten aufbewahrt werden sollte. Heute sind diese Orte Pilgerstätten ebenso wie sein Geburtsort und die Orte seiner Erleuchtung, seiner ersten Predigt und seines Todes.

Das Vermächtnis des Buddha

Von Anfang an drängte Buddha seine Anhänger dazu, sich nicht von ihm abhängig zu machen, sondern sich stattdessen auf den Dharma zu verlassen: »Seid euch selbst eine Insel, seid euch selbst eine Zuflucht. Sucht nicht nach einer Zuflucht außerhalb von euch, denn der Dharma ist eure Insel.« Es gab ohnehin keine Trennung zwischen den beiden, denn Buddha hatte auch Folgendes gesagt: »Wer mich sieht, der sieht den Dharma, und wer den Dharma sieht, der sieht mich.« Dennoch sollten die Menschen ihm zufolge weder ihn selbst noch irgendeinen anderen Lehrer beim Wort nehmen: »Vertraut beeindruckenden Persönlichkeiten oder hoch geachteten

Gurus nicht blind, sondern prüft jedes Thema selbst. Wenn ihr wisst, dass etwas heilsam und nutzbringend ist, dann solltet ihr es akzeptieren und in die Praxis umsetzen.« Letztlich sollten seine Anhänger sogar seine Lehren beiseiteschieben, sobald sie ihren Zweck erfüllt hatten. »Seht den Dharma wie ein Floß«, sagte Buddha. »Ihr nutzt es, um über den Fluss zu kommen, aber wenn ihr sicher am anderen Ufer angekommen seid, lasst ihr es dort liegen – ihr tragt es nicht mit euch herum. Wenn ihr das Nirwana erreicht habt, wofür braucht ihr das Floß dann noch?«

Buddha war vor allem ein pragmatischer Mensch.

»Ich lehre nur etwas über das Leiden und über das Ende des Leidens«, sagte er häufig. Er lehnte es ab, sich auf spekulative Debatten einzulassen. Solche Diskussionen förderten nach seiner Auffassung das Erwachen nicht. Dabei kannte er die Antworten auf metaphysische Fragen. Einmal schnappte er sich eine Handvoll Blätter und sagte zu einigen Mönchen, dass seine Lehren der Anzahl der Blätter in seiner Hand entsprachen. Doch in Wirklichkeit entsprach sein Wissen der riesigen Anzahl der Blätter des gesamten Waldes. Trotzdem fiel es manchen Menschen schwer zu begreifen, welch tiefe Weisheit sich hinter seinem Unwillen zu philosophieren verbarg. In einem berühmten Gespräch weigerte sich ein Mann namens Malunkyaputta, ein Mönch zu werden, es sei denn, Buddha würde seine Position zu bestimmten Themen darlegen – wie etwa der Frage »Ist der Kosmos unendlich?« Buddha zufolge war Malunkyaputta wie jemand, der von einem vergifteten Pfeil verwundet worden war, ihn aber von niemandem entfernen ließ, bis er herausgefunden hatte, von welchem Bogen er abgeschossen und mit welchem Gift er getränkt worden war, wie der Bogenschütze hieß und in welchem Dorf er wohnte. Doch metaphysische Ansichten könnten, so Buddha, das Leid nicht beenden.

Buddha gestaltete seine Lehren so, dass Menschen jeden Bewusstseinsstandes davon profitierten. Er verglich den Dharma mit dem Regen, der auf das Gras und die Bäume fällt: Der Regen ist immer derselbe, aber jede Pflanze nimmt nur die Menge auf, die sie für ihr Wachstum benötigt. Er setzte stets gezielt die Mittel ein, die dem Einzelnen halfen, zu erwachen. Einmal erzählte er zum Beispiel die Parabel von einem reichen Mann, dessen Haus in Flammen stand. Seine Kinder waren sich der Gefahr nicht bewusst. Sie spielten unbeirrt im Inneren des Hauses weiter und weigerten sich, es zu verlassen. Schließlich lockte der Vater sie mit dem Versprechen in Sicherheit, dass sie draußen wunderbares Spielzeug erwartete. *Upaya-kausalya* – der Einsatz »geschickter Mittel« – wurde später ein wichtiges Element im Mahayana-Buddhismus, dem »zweiten Ingangsetzen des Rades des Dharma«.

Nach Buddhas Tod breitete der Buddhismus sich südlich nach Sri Lanka und in andere Teile Südasiens aus. Als dann die Mahayana-Lehren (»das Große Fahrzeug«) entstanden, wanderte der Buddhismus nach Ostasien und zum Himalaja im Norden. Heute wird die südliche Schule durch den Theravada-Buddhismus repräsentiert – die »Lehren der Älteren« –, während die Mahayana-Tradition vorwiegend durch Chan/Zenbuddhismus und den tibetischen Buddhismus beziehungsweise den Vajrayana repräsentiert wird. Die Vajrayana-Tradition entwickelte sich aus dem indischen *Tantra*, einer mystischen Verschmelzung hinduistischer und buddhistischer Glaubensvorstellungen. Der Vajrayana wird manchmal als die »das dritte Ingangsetzen des Rades des Dharma« bezeichnet und entstand vorwiegend im Himalaja-Gebiet und in der Mongolei. Diese drei buddhistischen Traditionen werden heute auch im Westen praktiziert.

Beginnen wir mit dem Gespräch ...

Auf den folgenden Seiten führt Buddha eine fiktive Unterhaltung, in der 13 Themen behandelt werden. Bereitwillig beantwortet er die Fragen eines Suchenden.

Die Antworten des Buddha basieren auf den Texten des Pali-Kanon, insbesondere Digha Nikaya, Majjhima Nikaya, Sayatta Nikaya, Anguttara Nikaya, Dhammapada, Sutta Nipata.

Leiden: Das Leben ist hart, aber Hilfe naht

Das Leben ist schwierig, sagte Buddha. Sollten wir daraus etwa schließen, dass die einzig realistische Haltung der Pessimismus ist? Keineswegs! Buddha erkannte die Probleme, mit denen wir im täglichen Leben zu kämpfen haben – wir altern, werden krank und schließlich sterben wir; wir bekommen nicht, was wir wollen; wir bekommen, was wir nicht wollen, und sogar die guten Zeiten gehen vorbei. Doch er ließ dies nicht auf sich beruhen. Die Vier Edlen Wahrheiten – der Kern der Lehren Buddhas – diagnostizieren nicht nur die Krankheit, sondern bieten auch die Heilmethode an. Wenn man ihn gewissenhaft verfolgt, führt der Edle Achtfache Pfad zum Nirwana und zu wahrem Glück.

Die Essenz Ihrer Lehren ist in den Vier Edlen Wahrheiten enthalten. Wie lautet ihre Botschaft kurz zusammengefasst?

Es geht um das Leiden und das Ende des Leids.

Das ist alles? Tausende von Büchern mit Ihren Worten – sowie mit Kommentaren dazu – wurden im Laufe der letzten 2500 Jahre veröffentlicht, und das ist die einzige Botschaft?

»Das Leben ist Leiden, aber es gibt eine Befreiung vom Leid.« Ist das hilfreicher?

»Das Leben ist Leiden« – das ist eine ziemlich düstere Einschätzung. Kein Wunder, dass die Leute sagen, der Buddhismus sei pessimistisch.

»Das Leben ist Leiden« ist weder pessimistisch noch optimistisch, sondern realistisch – es ist eine Feststellung, wie die Dinge sind. Die Vier Edlen Wahrheiten sind nicht nur düster. Sobald man diese Wahrheiten vollkommen versteht und die Ursachen des Leidens beseitigt, kommt es zu einem unvorstellbaren Glücksgefühl. Dieses wahre Glück rührt nicht daher, dass man etwas bekommt oder ausgibt oder anderen flüchtigen Vergnügungen nachgeht.

Das klingt vielversprechend. Was beinhalten die Vier Edlen Wahrheiten?

Die Erste Edle Wahrheit beschreibt, worüber wir gerade gesprochen haben: *Das Leben ist schwierig. Es gibt Leid.* Das Pali-Wort für Leid lautet *Dukkha*. Es kann körperliches Leiden bedeuten, aber häufiger bezieht es sich auf psychische Qualen – auf die grundlegend unbefriedigende Existenz, die Enttäuschung, Frustration und das Elend, die wir erleben, wenn wir nicht erkennen, dass es einen besseren Weg gibt zu leben. Wie sieht das Leid aus? Die Geburt ist Leiden. Das Älterwerden und der Tod sind Leiden. Kummer, Trauer, Schmerzen und Verzweiflung sind Leiden. Sich etwas zu wünschen und es nicht zu bekommen oder etwas zu bekommen, was man nicht haben möchte, ist Leiden. Kurz gesagt, das Wesen des Menschen mit seinem Hang, die Dinge festzuhalten und daran anzuhaften, bringt Leid mit sich.

Aber es muss im Leben doch mehr geben als das Leid. Was ist mit den guten Zeiten?

Gegen die guten Zeiten ist nichts einzuwenden. Aber bringen sie uns dauerhafte Zufriedenheit? Selbst das beste Leben kann zu Enttäuschungen führen. Alles – ob Gutes oder Schlechtes – geht irgendwann einmal vorbei. So wie das Leid ist auch die Vergänglichkeit ein wesentlicher Bestandteil der Existenz. Und wie fühlt man sich, wenn sich die Umstände ändern? Denk einmal über deine eigenen Erfahrungen nach: Was hat es für eine Wirkung auf dich, wenn etwas vorbeigeht?

Es macht mich traurig. Manchmal werde ich auch wütend. Vor allem, wenn ich Menschen oder Dinge verliere, die mir sehr wichtig sind.

Was tust du dann?

Ich halte mich an den Dingen fest, die mir geblieben sind, und strebe umso stärker danach, das zu bekommen, was ich möchte.

Aber all dieses Streben verstärkt nur das Verlangen und die Angst, etwas zu verlieren. Die Zweite Edle Wahrheit weist auf den Ursprung des Leidens hin – es ist das Verlangen. Das Pali-Wort dafür lautet *Tanha*, das bedeutet

»Durst«. Diese Begierde hat eine klammernde und unersättliche Qualität. Sie ist der Motor, der uns nach Macht, Besitz, Vergnügungen und hohem Ansehen streben lässt – nach allem, was dem Ego schmeichelt. Die Kehrseite des Begehrens ist die Abneigung. Was wir *nicht* wollen, schieben wir von uns fort. Gleichzeitig verdoppeln wir in unserer Unwissenheit unsere Bemühungen, die Dinge zu erlangen, die unser Leid überhaupt erst ausgelöst haben. Wenn wir an »Schmeicheleien und Verlockungen« anhaften – das Leben selbst eingeschlossen –, hängen wir im Rad des *Samsara* fest, dem endlosen Kreislauf von Tod und Wiedergeburt, der das Leiden immer wieder, Leben um Leben, verlängert.

Sie haben vorhin das »Ende des Leidens« angesprochen. Wenn das Verlangen die Krankheit ist, wie sieht dann die Therapie aus?

Das ist die Dritte Edle Wahrheit: Es gibt ein Ende des Verlangens und einen Ausweg aus dem Leiden – das Nirwana. Das Nirwana lässt sich nicht leicht beschreiben. Es übersteigt das Fassungsvermögen derer, die es nicht erlebt haben. Und wer es erlebt hat, findet keine Worte dafür. Das Nirwana wird häufig mit dem Begriff »Ausblasen« beschrieben – die Flammen des Verlangens und der Abneigung werden gelöscht und das Nichtwissen vernichtet. Nirwana bedeutet Freiheit von der obsessiven Selbst-Bezogenheit und dem Festhalten am Selbst. Es bedeutet Freiheit von der Anhaftung an der Vorstellung, unser »Selbst« würde fortbestehen oder wir hätten eine ewige Seele. Das Nirwana ist wahres Glück, das inneren Frieden bringt.

Das klingt ziemlich radikal. Wie erreichen wir diesen Zustand?

Die Vierte Edle Wahrheit weist uns den Weg – er wird der Edle Achtfache Pfad genannt.

Ich wollte gerade fragen, warum es »Edel« heißt?

Edel bedeutet hier »würdig« oder »erhaben«. Der Begriff bezieht sich auf diejenigen, die diese Wahrheiten verstehen, nicht auf die Wahrheiten selbst. Der Edle Achtfache Pfad ist eine Anleitung zur spirituellen Entwicklung. Sie besteht aus acht Schritten beziehungsweise Phasen, die aufeinander aufbauen. Im Zentrum stehen dabei drei Themen: moralisches Handeln, Meditation und Weisheit.

Die Weisheit fördert man durch Rechte Einsicht und

Rechte Gesinnung. »Recht« bedeutet in diesem Zusammenhang nicht das Gegenteil von »falsch«. Es bedeutet vielmehr »vollkommen« beziehungsweise »angemessen«. Die Rechte Einsicht gründet auf einem tiefen Verständnis der Vier Edlen Wahrheiten und des Karmas. (Wir können uns später intensiver über das Karma unterhalten.) Die Rechte Gesinnung – häufig auch als Rechtes Denken bezeichnet – bereitet den Geist auf die Befreiung vor. Man fördert die positive Qualität der Begierdelosigkeit, des guten Willens und des Mitgefühls und wirkt so der Gier, Feindseligkeit und schädigenden Gedanken entgegen – all dies steht der Erleuchtung im Weg.

Moralisches beziehungsweise ethisches Handeln basiert auf diesen positiven Qualitäten und fördert die Rücksichtnahme gegenüber anderen durch Rechte Rede, Rechtes Handeln und Rechten Lebensunterhalt. Das tugendhafte Verhalten wird zum einen um seiner selbst willen gefördert und zum anderen auch als Mittel, um den Geist und das Herz zu reinigen – beides sind Voraussetzungen für die Erleuchtung. Die Verhaltensregeln beinhalten alles Mögliche. So sollte man zum Beispiel Klatsch und leeres Gerede sowie schädigenden Sex vermeiden, nicht töten oder stehlen und sich auch in der Arbeit ehrbar verhalten.

Am Ende der Liste steht die Meditation. Hier geht es darum, eine geistige Disziplin zu entwickeln, durch die man Einblick in das wahre Wesen der Wirklichkeit erhält. Das Rechte Streben bündelt die Energie und Willenskraft, um die innere Arbeit der Transformation voranzubringen – in Meditation versunken dazusitzen und Zweifel sowie andere ablenkende Gedanken abzuwehren, indem man förderliche Geisteszustände herbeiführt. Rechte Achtsamkeit ist die Präsenz in jedem Moment, die man durch das Bewusstsein des Körpers und der Gefühle sowie durch die Arbeit und den Inhalt des Geistes entwickelt. Rechte Sammlung ist die auf einen Punkt gerichtete Aufmerksamkeit, die zu immer höheren Ebenen meditativer Versenkung führt und letztlich im höchsten Glück gipfelt.

Puh! Jetzt habe ich noch viel mehr Fragen. Wie wäre es mit einer weiteren Tasse Kaffee?

Vergänglichkeit: Auch das wird vorübergehen

Das Leben ist ständig im Fluss. Es ist ein Strom aus Phänomenen, die entstehen und wieder vergehen. Wie das Leid und das Nicht-Selbst ist auch die Vergänglichkeit eins der drei Daseinsmerkmale, die Buddha in der Nacht seiner Erleuchtung erkannte. Er wies auf den Schmerz und die Enttäuschung hin, die wir zwangsläufig erleben, wenn wir an dem festhalten, was vergänglich ist. Nur das *Nirwana* – das Nichtbedingte – entkommt der Unerbittlichkeit der Zeit. Doch die Vergänglichkeit ist nicht nur etwas Schlechtes. Ohne Veränderung gäbe es kein Leben, kein Wachstum und keine Möglichkeit, spirituell zu erwachen.

Die Vergänglichkeit spielt in Ihren Lehren eine zentrale Rolle. Warum hat sie eine so große Bedeutung?

Die Vergänglichkeit, im Pali *Anicca*, ist eins der drei Daseinsmerkmale des *Samsara* – der Welt, wie wir sie kennen. Es ist aufs Engste mit den anderen beiden Merkmalen verknüpft: *Dukkha*, der Wahrheit des Leidens, und *Anatta*, dem Nicht-Selbst – der Wahrheit, dass kein Phänomen einen permanenten, unveränderlichen Wesenskern hat. Die Vergänglichkeit besagt, dass Menschen und Objekte unbeständig und transitorisch sind, dass Gedanken und Gefühle so flüchtig sind wie die Schaumkronen der Wellen. Obwohl die Vergänglichkeit eine Realität ist – ein Naturgesetz –, wehren wir uns vehement dagegen, da Veränderungen zu Verlusten und somit zu Schmerzen und Enttäuschungen führen. Die schwierigste Veränderung, der wir uns gegenübersehen, ist der letzte, unausweichliche Verlust – der Tod.

Aber wir alle wissen doch eigentlich, dass der Tod unausweichlich ist.

Die Wahrheit zu kennen und sie zu akzeptieren, sind ganz verschiedene Dinge. Ein klassisches Beispiel dafür ist die

Geschichte von Kisa Gotami. Sie konnte nicht akzeptieren, dass ihr junger Sohn gestorben war. Sie drückte seinen leblosen Körper an sich und ging von einem Nachbarn zum nächsten, um ein Heilmittel für ihn zu finden. Ein Mann hatte Mitleid mit ihr und sagte: »Ich besitze das Heilmittel, das du brauchst, nicht, aber ich kenne jemanden, der es hat.« Als sie zu mir kam und mich um das Heilmittel bat, sagte ich ihr, sie solle einen Senfsamen in jedem Haus sammeln, in dem noch niemand gestorben war. Nach langer Suche kam sie mit leeren Händen zurück. Sie erkannte, dass der Tod universell ist, und war schließlich in der Lage, ihren Verlust zu akzeptieren. Gleichzeitig begriff sie, dass es für diejenigen, die sich von ihrer Anhaftung an das Leben lösen, einen Weg zum Todlosen gibt – zum Nirwana.

Wollen Sie damit sagen, dass die Befreiung nur für diejenigen möglich ist, denen nichts mehr wichtig ist?

Sich von der Anhaftung an das Leben zu lösen bedeutet nicht, dass uns nichts mehr wichtig ist. Wir begreifen vielmehr, dass das Leid der alltäglichen Erfahrungen daraus entsteht, dass wir die Wahrheit der Vergänglichkeit abstreiten. Wenn wir sie nicht akzeptieren können, verstricken wir uns in den »acht weltlichen Bedingungen« –

Gewinn und Verlust, Ehre und Verachtung, Lob und Tadel, Freude und Leid. Dann sind wir unseren Wünschen und Abneigungen ausgeliefert. Wenn wir dagegen akzeptieren, dass das Leben vergänglich ist, können wir unseren Klammergriff lockern. Wenn wir nicht verzweifelt an etwas festhalten, sind wir frei, uns auf eine entspannte und liebevolle Weise darum zu kümmern.

Aber ist das Leben nicht ziemlich sinnlos, wenn Veränderungen und Verluste unvermeidlich sind?

Veränderung ist nicht immer etwas Negatives. Sie ist die wahre Essenz des Lebens – die Voraussetzung für Wachstum. Ohne Veränderung wäre die Existenz tatsächlich sinnlos: Unrecht könnte nicht wiedergutgemacht werden, es gäbe keine Lernprozesse, keine Möglichkeit zur spirituellen Erleuchtung. Was wir mögen, verändert sich unausweichlich oder es vergeht. Und genauso vergeht auch das, was wir nicht mögen. Beobachte einfach deinen arbeitenden Geist, dann wirst du es erkennen. Gedanken und Gefühle verändern sich ständig.

Aber wenn alles unbeständig und nicht verlässlich ist, welche Basis besteht dann dafür, dass uns etwas wichtig ist?

Wenn man sich darüber klar wird, dass nichts ewig währt, kann man die Dinge, so wie sie im Moment sind, mehr schätzen und richtet seine Hoffnungen nicht länger auf etwas, das möglicherweise in der Zukunft geschehen wird – oder auch nicht.

Aber manchmal müssen wir an die Zukunft denken. Ich habe zum Beispiel einen antiken Stuhl, der sich seit Generationen im Familienbesitz befindet. Man erwartet von mir, dass ich ihn meinen Erben vermache. Ich kann nicht einfach sagen: »Ich freue mich jetzt darüber und es ist mir egal, wenn er kaputtgeht.«

Hältst du wirklich an dem Stuhl fest? Was macht ihn so besonders? Seine Beine? Die Armlehnen? Die Polsterung?

Er ist so besonders, weil er ein Erbstück meiner Familie ist.

Woran siehst du das? Zeig mir den »Erbstück-Teil« des Stuhls.

Entschuldigung, aber das ist albern! Natürlich gibt es keinen »Erbstück-Teil«. Es ist etwas, das ich einfach weiß.

»Erbstück« ist also lediglich eine Vorstellung, die du von dem Stuhl hast? Dir ist eine Vorstellung wichtig?

Ich denke ja. Wenn man es so betrachtet, erscheint es in der Tat etwas absurd.

Ob du den Stuhl jeden Tag polierst, ihn deinem Neffen vererbst oder Brennholz daraus machst, ist nebensächlich. Es ist die Vorstellung, der Familie gegenüber verpflichtet zu sein, an der du anhaftest. Was ist der Stuhl davon abgesehen schon? Ein schöner Platz zum Sitzen. Und so wie der Stuhl jeden Moment verschwinden könnte, egal, wie liebevoll du dich darum kümmerst, so vergänglich ist auch deine Vorstellung davon. Was wäre, wenn ein schreckliches Feuer den Stuhl zu Asche verwandeln würde? Würdest du dann noch genauso empfinden?

Natürlich nicht. Es wäre ja kein Stuhl mehr.

Aber ist die Asche nicht nur eine andere Form dieses Stuhls? Erkennst du, wie schnell du den Stuhl loslässt, sobald er nicht mehr der Vorstellung eines »Familien-Erbstücks« entspricht? Die Vergänglichkeit lehrt uns, wie töricht es ist, an einer Vorstellung festzuhalten.

Nicht-Selbst: Das Selbst? So etwas gibt es nicht

Eine übliche westliche Auffassung des Selbst ist die folgende: Jeder von uns ist im Grunde genommen eine Persönlichkeit, die ein Schiff auf den Wassern des Lebens steuert. Das Schiff besteht aus Fleisch, Knochen, Muskeln, Organen, einem Nervensystem und einem Gehirn, in dem Erinnerungen gespeichert sind. Das Selbst – die Person, die wir sind – ist der Kapitän des Schiffes. Buddha aber sah das Selbst auf eine andere Weise. Seine Sicht mag uns anfangs seltsam anarchisch erscheinen, doch letztlich bietet sie uns die Möglichkeit zu tiefer Befreiung.

Ihre Sicht der Dinge setzt offenbar voraus, dass man sich vollkommen von der Vorstellung des Selbst löst. Würden Sie mir bitte erklären, was damit gemeint ist?

Wir haben bereits über Leid und Vergänglichkeit gesprochen. Das dritte Daseinsmerkmal ist *Anatta* – das Nicht-Selbst. Alle Phänomene – ob lebendig oder unbelebt – haben kein ihnen innewohnendes Selbst oder eine Seele. Die Hindus glauben an eine individuelle, ewige Seele, die von einem Leben zum nächsten wandert und schließlich mit der »Weltseele« verschmilzt. Nicht-Selbst heißt dagegen, dass es keinen individuellen, charakteristischen Kern gibt, von dem wir sagen können: »Das bin ich.«

Aber meine Erfahrung sagt mir, dass hier definitiv gerade jemand sitzt, der mit Ihnen spricht. Wenn es nicht mein »Selbst« ist, was ist es dann?

Nicht-Selbst bedeutet nicht, dass nichts existiert oder dass die Dinge, die man mit den Sinnen wahrnimmt, nicht real sind. Verschiedene Bedingungen kommen zusammen und daraus entstehen die Phänomene, die wir erleben. Diese Phänomene existieren – sie existieren nur nicht unabhängig von den Bedingungen, die sie verursacht haben.

Aber was ist ein Mensch dann? Bin ich nur die Summe all der Charaktereigenschaften und Merkmale, die aus mir mein erkennbares »Ich« machen anstatt irgendjemand anderen?

Du bist auf dem richtigen Weg. Ein Mensch ist kein unveränderliches und separates Wesen, sondern eine Ansammlung physischer und geistiger Bestandteile – der *Skandhas. Skandha* bedeutet wörtlich übersetzt »Ansammlung« oder »Haufen«. Ein Mensch besteht aus den Fünf Skandhas. Eines davon ist die materielle *Form* – der physische Körper einschließlich der Augen, Ohren, Nase, Zunge und Haut sowie des Geistes, der in diesem Zusammenhang als Sinnesorgan betrachtet wird. Aus der Form entsteht das *Gefühl* – die Empfindungen, die als angenehm, unangenehm oder neutral charakterisiert werden. Dann gibt es noch die *Wahrnehmung*. Sie erkennt unterschiedliche Erfahrungsmerkmale und führt so zur Entstehung der *Geistesformationen* – Emotionen, Willensregungen und Handlungsabsichten. Dies ist der Ursprung des Karmas. Wir halten an bestimmten geistigen Gewohnheiten fest und identifizieren uns mit ihnen. All diese geistigen und körperlichen Aktivitäten führen zum *Bewusstsein* – der Erfahrung von Kontinuität und einem kohärenten, also zusammenhängenden Selbst.

Soll das heißen, das, was so aussieht wie der Kapitän des Schiffes – das Selbst, das Ego – ist lediglich eine Ansammlung geistiger und körperlicher Empfindungen, die unter bestimmten Bedingungen entstehen? Wenn es keinen essenziellen Kern des Selbst gibt, wodurch wird das Schiff dann gesteuert?

Durch den Prozess selbst – das unaufhörliche Entstehen und Vergehen und Wieder-Entstehen der Phänomene. Die Wirklichkeit, so wie wir sie kennen – die bedingte Existenz beziehungsweise *Samsara* – erschafft sich in jedem Moment durch eine Kausalkette selbst: die sogenannte »bedingte Entstehung«. Häufig wird dies als Rad dargestellt, um auf das zyklische Wesen der zwölf, sich gegenseitig bedingenden Faktoren hinzuweisen: Unwissenheit, die Karmaformationen, das Bewusstsein, geistige und körperliche Phänomene, die Sinnesorgane, der Kontakt mit Objekten, das Gefühl, die Begierde, das Anhaften, der Werdeprozess, die Wiedergeburt, Altern und Sterben. Diese Elemente entstehen in jedem Moment und bringen alles Gestaltete hervor, einschließlich dessen, was du als Persönlichkeit oder Ego bezeichnest.

Es gibt also kein Selbst?

Es geht hier nicht darum, ob es ein Selbst gibt oder nicht, sondern um die Anhaftung. An der Vorstellung eines unveränderlichen Selbst festzuhalten führt zu Leid. Du identifizierst dich mit der Vorstellung von »deinem« Selbst und allen Wahrnehmungen, Gewohnheiten und Wünschen, die Teil dieser Identität sind. Aber kann irgendetwas Vergängliches zu anhaltender Befriedigung führen?

Nein. Wie löse ich mich also von der Anhaftung an das Selbst?

Mithilfe des Bewusstseins. Denke über all die Wege nach, wie dein Geist die Vorstellung des Selbst festigt. Untersuche all die »Ich-Wünsche« und »Ich-Bedürfnisse« – all die Vorlieben und Abneigungen, all die Gedanken und Emotionen, die zu deinem Selbstverständnis beitragen. Achte bewusst auf deine Erfahrungen, während sie entstehen. Beobachte sie, ohne sie festzuhalten oder als »deine« zu betrachten. Sobald deine Ich-Bezogenheit abnimmt, erweitert sich dein Bewusstsein.

Reinkarnation: Die endlose Reise

Wir waren bereits vorher hier in dieser Welt und wahrscheinlich werden wir erneut hierherkommen. Wir benötigen etwas Karma und eine Menge Entschlossenheit, um aus dem Reinkarnationsbus auszusteigen. Buddha hat den Code entschlüsselt – er erkannte, wie sich der endlose Kreislauf von Tod und Wiedergeburt durchbrechen lässt. Wenn wir uns von ihm inspirieren lassen, können wir das Gleiche tun. Die Gegenwart entsteht aus der Vergangenheit, einschließlich früherer Leben. Die Zukunft entsteht aus der Gegenwart. Um eine glückliche Geburt zu erreichen, müssen wir uns unserer Gedanken, Worte und Taten stets bewusst sein. Besonders wichtig ist unser Geisteszustand im Moment unseres Todes.

Ich habe große Probleme mit der Vorstellung der Wiedergeburt. Wie funktioniert sie?

Innerhalb der zehntausend Weltsysteme, die das Universum umfasst, gibt es 31 Existenzebenen, in die Götter, Menschen, Tiere und andere Wesen immer wieder hineingeboren werden, während sie ein Leben nach dem anderen durch das *Samsara*, die bedingte Existenz, wandern – bis sie das Nirwana erreichen und den Kreislauf von Tod und Wiedergeburt beenden. Diese 31 Sphären oder Gebiete sind in drei verschiedene Welten unterteilt. Die Unkörperliche Welt enthält vier Unkörperliche Gebiete mit Wesen, die über den physischen Körper hinausgegangen sind und nur als Bewusstsein in unterschiedlichen Glückszuständen existieren. Die Feinkörperliche Welt enthält die 16 verschiedenen Gebiete der *Devas*, das sind gottähnliche Wesen mit Körpern aus reinem Licht. Und schließlich gibt es noch die Sinnenwelt mit elf verschiedenen Gebieten, einschließlich der himmlischen Aufenthaltsorte verschiedener *Devas*, des menschlichen Gebiets und verschiedener Höllengebiete. In welche Sphäre ein Wesen hineingeboren wird, hängt von seinem Karma ab – seinen willentlichen Handlungen in früheren Leben und seinem Geisteszustand im Moment seines Todes.

Menschen, die sich edel verhalten, erleben eine glückliche Wiedergeburt in den »glücklichen Gefilden« – den menschlichen oder himmlischen Gebieten. Diejenigen, die sich unehrenhaft verhalten, werden in der Tierwelt oder in einem der Höllengebiete wiedergeboren. Jemand, der zum Beispiel von Gier dominiert wird, könnte unter den hungrigen Gespenstern wiedergeboren werden. Das sind Wesen mit riesigen Mägen und winzigen Mündern, denen es nie gelingt, satt zu werden.

Macht jeder die Reinkarnation durch?

Buddhas und einige Arahats – erleuchtete Wesen – werden nicht wiedergeboren. Nach dem Pari-Nirwana – dem endgültigen Nirwana – kommt es zu keiner Reinkarnation mehr und diese Wesen verschwinden.

Aber wenn der Buddha verschwunden ist, wer sind Sie dann? Mit wem spreche ich?

Als Buddhas Anhänger ihn fragten, wer sie nach seinem Tod lehren würde, sagte er zu ihnen: »Wer mich sieht, der sieht den Dharma, und wer den Dharma sieht, der sieht mich.« Du könntest auch sagen, dass eigentlich nicht der

Buddha gerade mit dir spricht, sondern der Dharma. Und falls du der Mahayana-Sichtweise folgst, die in den Jahrhunderten nach meinem Tod entstand, siehst du mich vielleicht als Buddha, der sich im *Nirmanakaya*, dem »Transformationskörper«, manifestiert. Diesen nehme ich an, um Wesen dabei zu helfen, die Erleuchtung zu erreichen.

Danke, dass Sie mir das erklärt haben. Aber was ist mit dem Rest von uns Menschen? Werden wir wiedergeboren?

Solange du im *Samsara* lebst, wirst du wiedergeboren. In diesem Leben wurdest du als Mensch wiedergeboren. Das ist eine sehr günstige Geburt. Sie bietet dir die Möglichkeit zu erwachen – das Nirwana zu erreichen, den bedingungslosen Zustand. Doch selbst dann kannst du dich, der Mahayana-Tradition zufolge, für den Weg des Bodhisattva entscheiden und das Pari-Nirwana verschieben, um auf der menschlichen Ebene zu bleiben und allen Wesen dabei zu helfen, die Erleuchtung zu erreichen.

Was genau wird wiedergeboren? Gibt es eine ewige Seele oder ein ewiges Selbst, das von einem Leben zum nächsten übergeht?

Im Gegensatz zu dem, was die *Veden* und die *Upanishaden* sagen, wird nichts wiedergeboren. Du hast weder eine ewige Seele noch ein Selbst, das einen Koffer mit ungelöstem Karma von einem Leben zum nächsten mitschleppt. Was die Reise prägt, ist vielmehr eine Kontinuität des Bewusstseins auf einer sehr subtilen Ebene. Jedes Mal, wenn du frisches Karma erzeugst, hinterlässt es einen energetischen »Abdruck« auf dem ewig fließenden Geistesstrom. Das Bewusstsein trägt diese karmischen Abdrücke oder »Samen« zur nächsten Inkarnation, wo sie reifen, wenn die Umstände günstig sind. Sobald das Karma gelöscht ist, verschwindet es aus dem Bewusstseinsstrom.

Ich verstehe immer noch nicht, wie Karma aus diesem Leben in einem anderen Leben auftauchen kann, wenn es an keine Identität gebunden ist.

Aus der Perspektive des Bewusstseins sind Tod und Wiedergeburt ein Kontinuum, wie ein Fluss. Das Karma ist wie eine Welle, die in einem Moment entsteht, dann wieder verschwindet und ein Stück flussabwärts erneut entsteht. Jede Welle hat eine andere Form, aber alle Wellen bestehen aus dem gleichen Wasser.

Wie bestimmt das Karma, auf welcher Ebene ein Wesen wiedergeboren wird?

Das Karma wird von der Ebene angezogen, auf der es auf die größte Resonanz stößt, von dem Ort, an dem es am wahrscheinlichsten Früchte tragen wird. Daher ist es so wichtig, den Geist in diesem Leben zu reinigen und dem Karma, das du bereits angesammelt hast, mit lobenswerten Handlungen entgegenzuwirken. Überdies bedingt der Zustand deines Geistes im Moment des Todes deine nächste Wiedergeburt.

Wie können wir für eine günstige Wiedergeburt sorgen?

Tue alles, was du kannst, um Gier, Abneigung und Täuschung zu vermeiden – all das sind geistige Krankheiten, die den Kreislauf von Tod und Wiedergeburt fördern. Praktiziere die Achtsamkeitsmeditation, um das wahre Wesen der Dinge zu erkennen. Praktiziere die Zehn Vollkommenheiten: Freigebigkeit, Sittlichkeit, Entsagung, Wissen, Willenskraft, Nachsicht, Wahrhaftigkeit, Entschlossenheit, liebende Güte und Gleichmut – die Tugenden, die von den Bodhisattvas viele Leben lang gepflegt wurden, um sich auf die Buddhaschaft vorzubereiten.

Karma: Tu dies, das geschieht

Karma ist das Naturgesetz der moralischen Kausalität. Es besagt Folgendes: Wir ernten, was wir säen. Positives Handeln führt in der Regel zum Glücklichsein, negatives Handeln führt zu Leid. Aber bedeutet das »einmal ein Schurke, immer ein Schurke«? Dem Buddha zufolge ist das nicht der Fall. Wir sind das Ergebnis unserer Vergangenheit – und unserer früheren Leben –, aber die Zukunft ist nicht vorherbestimmt. Wir haben die Möglichkeit – und die Verantwortung – unser Leben selbst zu gestalten.

Das Prinzip des Karma verwirrt mich. Es wirkt wie ein kosmisches Gerechtigkeitssystem, das belohnt und straft.

Eine »kosmische Gerechtigkeit« würde die Existenz einer äußeren Kraft voraussetzen, die das menschliche Verhalten bewertet. Das entspricht nicht der Sicht Buddhas. Karma ist lediglich das Pali-Wort für »Handlung«. Es ist das Naturgesetz von Ursache und Wirkung, wenn es um ethische Dinge geht. Das Verhalten führt zu Ergebnissen, die der Absicht entsprechen, die dem Verhalten zugrunde liegt. »Geschickte« beziehungsweise positive Handlungen führen eher zu erwünschten Ergebnissen, ungeschickte beziehungsweise negative Handlungen erzeugen Leid.

Wie funktioniert das Karma genau?

Deine Gedanken, Worte und Taten pflanzen karmische »Samen« – Energiespuren. Wenn die Bedingungen stimmen, »reifen« diese Samen. Die karmischen Verhaltensfrüchte können sofort oder später sichtbar werden – manchmal geschieht das erst in einem zukünftigen Leben. Es hängt von verschiedenen Faktoren ab, unter anderem davon, wie stark deine Motivation und wie energievoll dein Handeln ist. Viele Bedingungen – innere und äußere, vergangene und gegenwärtige – beeinflussen das Karma. Es ist eins der »vier unerfassbaren Dinge«. Es wäre zwecklos, darüber zu spekulieren, wie und wann genau sich die Wirkung unserer Taten zeigt. Am weisesten ist es, sich stets der Tatsache bewusst zu sein, dass das eigene Verhalten Konsequenzen hat.

Wenn ich also etwas Verletzendes zu jemandem sage, wird mir dann etwas Schlechtes widerfahren?

Wenn du jemanden verletzt, leidet nicht nur diese Person, sondern in gewisser Weise leidest auch du selbst. Das Ausmaß des Leids hängt von vielen Faktoren ab. Manche sind erkennbar, andere nicht. Wenn Karma auf dir lastet, das von schädlicher Rede herrührt – selbst wenn es aus einem früheren Leben stammt –, kann es zu starken Nachwirkungen kommen. Aber wenn du ein freundlicher Mensch bist und böse Worte ablehnst, können eine ernst gemeinte Entschuldigung und aufrichtige Reue ausreichen, um das negative Karma zu minimieren oder auf der Stelle auszulöschen.

Sie haben das Karma aus einem früheren Leben erwähnt. Kann unser Temperament das Ergebnis des Karmas aus einem früheren Leben sein, das in diesem Leben zum Tragen kommt?

Ja, das ist möglich.

Aber wenn wir mit einem bereits verfassten karmischen Drehbuch geboren werden, können wir dann noch etwas anderes tun, als das Beste daraus zu machen?

Diese fatalistische Sichtweise des Karmas ist verbreitet, aber unlogisch. Sie zieht die Realität der Veränderung nicht in Betracht. Die Vergänglichkeit ist eins der drei Daseinsmerkmale. Du wirst mit dem Karma – oder, um genauer zu sein, aufgrund des Karmas – geboren, das in früheren Leben erzeugt wurde. Aber durch die Entscheidungen, die du jetzt triffst, gestaltest du deine eigene Zukunft. Es ist möglich, die Wirkung des früheren Karmas abzuschwächen sowie künftig positives Karma zu erzeugen.

Haben wir also trotz unseres Karmas einen freien Willen?

Willentliche Handlungen erzeugen Karma. Naturkräfte wie der Wind und die Wellen tun das nicht. Auch Körperfunktionen wie die Atmung und der Schlaf sowie eine Handlung, derer man sich nicht bewusst ist, können kein Leid verursachen. So erzeugt es schlechtes Karma, wenn man bewusst tötet, aber wenn man versehentlich auf eine Ameise tritt, geschieht das nicht. Die Absicht ist entscheidend. Das Karma fordert uns dazu auf, Verantwortung für unser Verhalten zu übernehmen: »Eigner und Erbe meiner Taten bin ich, meinen Taten entsprossen, mit ihnen verknüpft, habe sie zur Zuflucht und die guten und bösen Taten, die ich tue, werde ich zum Erbe haben.«

Wie sollen wir also angesichts des Karmas leben?

Achte genau auf die Qualität deiner Gedanken, deiner Worte und Taten – und vor allem deiner Absichten. Denke darüber nach, ob deine Handlungen Schaden verursachen könnten. Karma wird zuerst im Geist erzeugt. Negatives Karma entsteht aus Gier, Zorn, Unwissenheit – und ihren Vettern wie etwa Neid und Stolz. Taten, die beispielsweise aus Großzügigkeit und Mitgefühl heraus entstehen, erzeugen positives Karma und machen das

Leben somit für alle Beteiligten glücklicher und friedvoller.

Und was ist, wenn man gute Absichten hat, das Ergebnis aber schädlich ist?

Trotzdem entsteht Karma, wenngleich es wahrscheinlich nicht so schlimm ist wie das Karma, das durch eine egoistische oder zerstörerische Motivation erzeugt wird. Das Karma lehrt uns, in jeder Situation achtsam zu sein und bessere Entscheidungen zu treffen.

Kann das Karma uns dabei helfen, die Unterschiede zwischen den Menschen zu begreifen? Wenn zwei Menschen die gleichen positiven Voraussetzungen haben, warum hat der eine dann zum Beispiel Erfolg, während der andere es gerade so schafft, über die Runden zu kommen?

Ein erfolgreicher Mensch wird möglicherweise dafür belohnt, dass er früher großzügig war oder sich über das Glück eines anderen gefreut hat. Jemand, der in diesem Leben arm ist, könnte in einem früheren Leben geizig gewesen sein.

Das klingt nach einer perfiden Form von Determinismus – das Opfer wird für seine Situation verantwortlich gemacht.

Viele Faktoren lassen Karma entstehen, daher kann man keine eindeutigen Schlüsse ziehen. Anstatt zu versuchen herauszufinden, ob die eigene gegenwärtige Lage das Ergebnis von früherem Karma ist, das nun zum Tragen kommt, sollte man nach vorne sehen und sich darauf konzentrieren, von nun an ein besseres Leben zu führen.

Verlangen: Dinge haben wollen

Vergnügen, Ruhm, Lob, Profit – nach alldem sehnen wir uns. Unser »Lebensdurst« ist unersättlich. Doch leider ist der Hunger auf Leben kein Garant für das Glück. Immer wieder fallen wir unseren Sehnsüchten zum Opfer. Wenn wir ständig nur auf Spaß und Vergnügungen aus sind und versuchen, Belastungen und Prüfungen zu vermeiden, erreichen wir keine anhaltende Erfüllung. Aber kann unser Verlangen uns je zu wahrem Glück führen? Buddha hat uns gelehrt, dass es möglich ist. Die Sehnsucht nach Erleuchtung führt uns zur höchsten Erfüllung – zum Ende des Verlangens.

Warum ist das Verlangen eigentlich etwas Schlechtes? Schließlich bringt es uns doch dazu, etwas zu erreichen.

Alles, was existiert, wird aus dem Verlangen heraus geboren, das ist richtig. Das Verlangen bringt dich auf die Welt und drängt dich dazu, nach ihren Verlockungen zu streben – nach Geld, Besitz, Macht und Erfolg. Aber das Verlangen ist auch die Wurzel des Leidens. Freude und Vergnügungen sind vergänglich und lassen sich nicht festhalten, egal, wie stark man sich daran anklammert. Das, wonach du dich sehnst – Beständigkeit und Sicherheit – kannst du nicht haben. Selbst der Wunsch, Leid zu vermeiden, ist aussichtslos. Jedes Leben wird vom Kummer besucht. Doch genauso, wie die Motten zum Licht fliegen, stürzen wir uns auf die Dinge, die uns letztlich zerstören – oder zumindest unseren Seelenfrieden.

Mir ist immer noch nicht klar, warum das Verlangen destruktiv ist.

Tanha, das Pali-Wort für Verlangen, bedeutet Durst. Und der Durst kann nie anhaltend gestillt werden. Wenn man sich von seinen Begierden leiten lässt, führt das zu Gewohnheiten, zu automatischen Reaktionen. Man ist darin gefangen, die Dinge anzustreben, nach denen man sich sehnt. Doch dabei übergeht man das, was wirklich wichtig ist – nämlich sich auf das Erwachen zu konzentrieren und das wahre Wesen der Dinge zu erkennen.

Aber ist das Bestreben zu erwachen – die Erleuchtung zu erreichen – nicht auch eine Sehnsucht?

Doch, das ist es. Die Sehnsucht nach dem Nirwana – dem Ende des Verlangens – ist eine positive Sehnsucht. Sie macht uns beharrlicher. Aber selbst von diesem Verlangen müssen wir uns letztlich lösen.

Ich verstehe nicht, auf welche Weise das Verlangen selbst zum Ende des Verlangens führen kann.

Nehmen wir einmal an, du möchtest in einen Park gehen. Hast du nicht zuerst den Wunsch, dorthin zu gehen? Und wenn du dann im Park ankommst, lässt du den Wunsch dann nicht ziehen, weil du dein Ziel nun erreicht hast? Genauso ist es mit dem Pfad zur Erleuchtung. Die Sehnsucht nach Befreiung motiviert dich dazu, dem Pfad eifrig zu folgen, bis du das Nirwana und damit die Befreiung vom Verlangen erreicht hast. Bei bestimmten Praktiken des Vajrayana im tibetischen Buddhismus ist das Verlangen selbst der Gegenstand der Meditation und das Mittel zur Transformation.

Wenn das Verlangen so ein großes Problem ist, warum sehnen wir uns dann ständig nach etwas?

Solange du im *Samsara* bleibst – dem Kreis von Tod und Wiedergeburt – befindest du dich im Reich der Sehnsüchte. Doch mehr noch als nach den Objekten deines Verlangens sehnst du dich nach der Befriedigung deines Verlangens. Mithilfe der Erkenntnis und durch moralisches Verhalten schwindet im Laufe der Zeit deine Verblendung in Bezug auf die ständige Erfüllung deiner Sehnsüchte. Und mit der nachlassenden Verblendung stellt sich die Leidenschaftslosigkeit ein – die Loslösung von sinnlichen Freuden und weltlichen Dingen. Diese Loslösung löscht das Feuer des Verlangens.

Aber wie kommt es zum Schwinden der Verblendung? Wie gelingt es uns, unsere ständigen Wünsche loszuwerden?

Stell dir Kinder am Strand vor, die Sandburgen bauen. Solange sie Spaß an den Sandburgen haben, beschützen sie diese. Aber wenn ihr Interesse daran schwindet, zerstören sie die Sandburgen und gehen weg. So ähnlich verhält es sich auch mit den Ojekten der Begierde. Wenn du sie gedanklich in ihre einzelnen Bestandteile zerlegst, handelt es sich nicht länger um angenehme Objekte, die dir Vergnügen bereiten.

Soll das heißen, wir sollen unser Verlangen ausmerzen, indem wir uns jegliche sinnliche Erfahrung vorenthalten – mit anderen Worten, indem wir unseren Körper verleugnen und den Geist kontrollieren?

Extreme Selbstverleugnung bringt dich der Erleuchtung nicht näher als die Genusssucht. Der Edle Achtfache Pfad zur Erleuchtung ist der Mittlere Weg – der Pfad der Mäßigung.

Was bedeutet das konkret?

Die drei Glieder des Pfades sind Meditation, ethisches Handeln und die Förderung der Weisheit.

Ist dafür ein mönchisches Leben erforderlich?

Nur wenn du dich für ein mönchisches Leben entscheidest – oder falls es dich auswählt. Es ist auch möglich, dem Pfad der Befreiung zu folgen, wenn du ein normales Leben führst. Du kannst einem Beruf nachgehen, eine Familie haben und dich um die alltäglichen Dinge kümmern, ohne die Grundsätze des Achtfachen Pfades zu verletzen. Allerdings musst du darauf achten, dass deine weltlichen Ambitionen den spirituellen Zielen nicht im Wege stehen.

Wie ich Anathapindika, er war ein wohlhabender Kaufmann und einer meiner ergebensten Laienschüler, erklärt habe, gibt es vier Formen des Glücks, die ein Mensch auf der Welt genießen kann: das Glück des Besitzes, der Freude, der Schuldenfreiheit und der Schuldlosigkeit.

Das Glück des Besitzes bedeutet, den materiellen Erfolg zu genießen, den man durch ehrliche Bemühung erzielt. »Ehrliche Bemühung« bedeutet nicht nur, schädliche oder ungesetzliche Betätigungen zu vermeiden, sondern auch, jede Arbeit gewissenhaft und mit einem Gefühl des Gemeinsinns auszuführen. Das Glück der Freude entsteht, wenn man sein angehäuftes Vermögen dafür verwendet, Gutes zu tun – wenn man seinen Beitrag für die Gesellschaft leistet. Schuldenfrei zu sein, führt zu zweierlei Glück: Man genießt den eigenen Seelenfrieden, weil man weiß, dass man nicht über seine Verhältnisse lebt, und weil man frei ist, um dem Dharma zu folgen. Das Glück der Schuldlosigkeit entsteht, wenn man sich in Taten, Worten und Gedanken stets äußerst redlich verhält.

Dann ist »Verlangen« doch gar nicht so ein schmutziges Wort.

Sich selbst vom Verlangen zu befreien bedeutet nicht, Dinge aufzugeben. Es geht vielmehr darum, das zu schätzen, was man hat, ohne daran anzuhaften. Wenn man weiß, dass die Objekte des Verlangens augenblicklich verschwinden können, ist ihr Genuss umso süßer.

Ethisches Handeln: Das Richtige tun

Wenn wir auf uns selbst gestellt sind, treffen wir nicht immer weise Entscheidungen. Buddha wusste das und entwickelte daher Regeln für ein sittliches Leben. Wenn wir *Sila*, unsere Tugendhaftigkeit, fördern, führt das zu innerer Ruhe und positiven Beziehungen mit der Welt. Aber eine ethische Entwicklung umfasst mehr als richtiges Verhalten. Ein guter Charakter ist die Basis der Meditationspraxis und das *Sine qua non* des spirituellen Erwachens. Wenn man seine Rede, seine Taten und seinen Lebensunterhalt reinigt, begibt man sich auf den Pfad der Befreiung.

Worte wie »Sittlichkeit«, »reinigen« und »Tugendhaftigkeit« machen mir etwas Angst. Ich dachte, im Buddhismus ginge es darum, den Geist zu schulen, nicht aber darum, unser Verhalten streng zu kontrollieren.

Die Sittlichkeit oder Tugendhaftigkeit ist einer der drei Aspekte des geistigen Trainings auf dem Edlen Achtfachen Pfad sowie eines der *Paramita*. Bei den Paramita handelt es sich um Tugenden, die von den Bodhisattvas perfektioniert werden, die danach streben, Buddhas zu werden. Die Tugendhaftigkeit bezieht sich auf einen Geist, der frei von Verunreinigungen ist – frei von Gier, Hass und Unwissenheit. *Sila*, das Pali-Wort für Sittlichkeit oder ethische Richtlinien, bedeutet sowohl Tugendhaftigkeit als auch moralisches Verhalten. Man kann das eine nicht ohne das andere entwickeln. Die Tugendhaftigkeit ist sowohl der Prozess als auch das Ziel selbst – der veränderte Zustand eines durch und durch mitfühlenden und integren Geistes.

In welchem Bereich spielen die fünf Verhaltensregeln eine Rolle?

Es sind Empfehlungen für ein tugendhaftes Leben.

Warum ist es wichtig, diese Regeln zu befolgen? Können wir uns nicht darauf verlassen, dass unser eigenes Gewissen uns richtig führt?

Das kann man, wenn das eigene Gewissen unfehlbar ist. Bei den meisten Menschen ist das aber nicht der Fall. Bis man die allumfassende Weisheit und das Mitgefühl eines erwachten Wesens entwickelt hat, ist es wahrscheinlich nötig, daran erinnert zu werden, welches Verhalten dem höheren Zweck und nicht nur den eigenen Wünschen und Bedürfnissen dient.

Sind die Verhaltensregeln eine Art göttliches Gesetz? Werden wir bestraft, wenn wir sie verletzen?

Nein, die Verhaltensregeln sind kein göttliches Gesetz. Es handelt sich dabei um praktische Richtlinien, die den Menschen helfen, der Welt mit einer ethischen Haltung zu begegnen und sich gegenüber allen Wesen verantwortungs- und respektvoll zu verhalten. Sich an die Regeln zu halten ist eine freiwillige Entscheidung. Wenn man eine Regel verletzt, wird man durch ein inneres Schamgefühl bestraft oder durch »moralische Bedenken« – die Angst vor Tadel oder Vergeltung.

Ist es also in erster Linie eine soziale Verantwortung, tugendhaft zu sein?

Das ist nur ein Teil des Ganzen. Das Training der Tugendhaftigkeit ist wichtig für die spirituelle Entwicklung, für die Vervollkommnung des Charakters, die zum Erwachen führt. Die Tugendhaftigkeit ist das stabile Fundament, auf dem die Meditationspraxis basiert. Das bedeutet aber nicht, dass man vollkommen sein muss, um zu meditieren. Man sollte lediglich die klare Absicht haben, sich bei seiner persönlichen Entwicklung an moralischen Grundsätzen zu orientieren.

Wie sehen die Verhaltensregeln für ein tugendhaftes Leben aus?

Der Edle Achtfache Pfad beschreibt hier drei Erfahrungsbereiche: die Rede, das Handeln und den Lebensunterhalt. Rechte Rede bedeutet, nicht zu lügen, zu tratschen oder schlecht über andere zu reden. Positiv ausgedrückt, verpflichtet man sich zur Wahrheit und dazu, seine Worte so einzusetzen, dass sie verbinden und nicht spalten. Nicht zu lügen ist für Laien die wichtigste der fünf Verhaltensregeln. Wie sollen die Menschen einander trauen, wenn sie nicht aufrichtig sind? Eine durch Gier motivierte Lüge zielt auf einen persönlichen Gewinn ab, während eine zornerfüllte oder boshafte Lüge einen anderen verletzen soll. Die Rechte Rede hält uns außerdem dazu an, »harte Worte« – wie etwa Beschimpfungen, Beleidigungen, sarkastische Bemerkungen – oder unnützes Gerede zu vermeiden.

Gehört zum »unnützen Gerede« auch der ganze Medienlärm, dem wir ausgesetzt sind – Fernsehen, Internet, SMS und Handys?

Du solltest bewusst auf ablenkende Einflüsse achten. Der Pfad zur Erleuchtung ist ohnehin schon schwierig genug.

Sie haben auch das »Rechte Handeln« erwähnt. Was beinhaltet es?

Hier kommen die restlichen der fünf Verhaltensregeln zum Tragen. Die erste lautet: *Du sollst kein Lebewesen töten.* Es ist gut, sich der Achtung vor dem Leben bewusst zu sein. Aber man sollte bedenken, dass die Absicht das Entscheidende ist. Wenn man aus Versehen auf eine Ameise tritt, verletzt man keine Regel. Die zweite Regel, *Du sollst nicht stehlen*, hält uns dazu an, den Besitz anderer zu respektieren und nichts zu nehmen, was uns nicht angeboten wurde oder zusteht. Die dritte Regel, *Du sollst keine sexuellen Verfehlungen begehen,* fordert uns dazu auf, zwischenmenschliche Beziehungen auf eine verantwortungsbewusste Weise zu pflegen – das bedeutet: kein Ehebruch, kein Sex mit Minderjährigen und kein Sex gegen den Willen eines anderen. Mönchen und Nonnen schreibt diese Verhaltensregel vor, gar keinen Sex zu haben. Punkt. Wenn man seinen Geist reinigen will, ist die Unterdrückung der Sinneslust erforderlich. Diese letzte Regel verbietet auch die Einnahme von Rauschmitteln.

Aber ein Glas Wein ab und zu ist doch sicherlich in Ordnung?

Alles, was den Geist vernebelt, steht dem Erwachen im Wege. Selbst der Verkauf von berauschenden Substanzen entspricht nicht dem Rechten Lebensunterhalt, dem dritten Aspekt ethischen Verhaltens auf dem Edlen Achtfachen Pfad. Es geht darum, Tätigkeiten zu vermeiden, die schädlich sind.

Immer wieder ist die Rede davon, dieses und jenes zu »vermeiden« und auf vieles zu »verzichten«. Gibt es auch positive Schritte, die wir tun sollten, um uns weiterzuentwickeln?

Die Ursachen für ein nicht-förderliches Verhalten sind meistens Gier, Missgunst oder Verblendung. Das Training des ethischen Verhaltens fördert jeweils das Gegenteil davon: Freigebigkeit, liebende Güte und Weisheit.

Was hat man davon, wenn man seine Tugendhaftigkeit vervollkommnet?

Zum einen hat man keine Gewissensbisse. Zum anderen erlebt man nicht nur einen inneren Seelenfrieden, sondern trägt auch dazu bei, gegen Gewalt und Rücksichtslosigkeit in der Welt anzugehen. Und vor allem legt man den Grundstein für das wahre Glück des spirituellen Erwachens.

Achtsamkeit: Unsere Aufmerksamkeit ist gefordert

Praktisch gesehen geht es bei den Lehren des Buddha um das Training des Geistes. Ein gut trainierter Geist ist ruhig, klar und bewusst. Er lässt sich nicht von Wünschen, Begierden, Ablenkungen und Täuschungen in alle möglichen Richtungen ziehen. Die Achtsamkeit – Aufmerksamkeit – macht jede Erfahrung reicher und lohnender. Wenn man aufmerksam ist, lebt man im Hier und Jetzt, nicht in der Vergangenheit oder der Zukunft. Die Meditation schärft den eigenen Fokus und bietet uns einen Einblick in unsere Motivationen und unser Verhalten. Überdies richtet sie unser Augenmerk auf den höchsten Preis – die Befreiung.

Könnten Sie »Achtsamkeit« bitte für mich definieren?

Achtsamkeit ist Aufmerksamkeit, Bewusstheit. Bei der Achtsamkeit geht es im Wesentlichen darum zu beobachten, was tatsächlich im gegenwärtigen Moment im Geist und im Körper geschieht, ohne die eigene Erfahrung zu bewerten, etwas hinzuzufügen oder zu versuchen, sie zu verändern.

Inwiefern unterscheidet sich das davon, wie unser Geist normalerweise funktioniert?

Wenn man seine Aufmerksamkeit nicht bewusst ausrichtet, neigt der Geist dazu, überall zu sein. Er formt Ideen und Meinungen, entwickelt Fragen, kommt zu Bewertungen und Schlussfolgerungen – und springt dabei von einer Sache zur nächsten. Es gibt keine Stabilität. Ein instabiler Geist schweift in Fantasien und Projektionen ab und lässt die Realität hinter sich zurück. Die Achtsamkeit beruhigt und konzentriert den Geist und streift die Fantasien ab, sodass man die Realität unmittelbar erfährt.

Aber was ist denn verkehrt an Fantasien? Daraus entwickeln sich doch schließlich die kreativen Ideen, oder?

Es geht hier nicht um künstlerische Tätigkeiten, sondern um Vorstellungen und Wahrnehmungen, die zu falschen Schlussfolgerungen führen und somit zum Leiden. Eine gängige Vorstellung ist zum Beispiel, dass Objekte eine unabhängige, dauerhafte Existenz haben. Die Achtsamkeit erkennt diese Täuschung und enthüllt die Wahrheit über die Vergänglichkeit und Bedingtheit aller Phänomene.

Wie können wir Achtsamkeit entwickeln?

Die Meditation ist die effektivste Form des Geistestrainings. Das Pali-Wort für Meditation – *Bhavana* – bedeutet Geistesentfaltung oder Kultivierung des Geistes. *Shamata*, das »ruhige Verweilen«, ist eine Konzentrationsübung, die den Geist beruhigt. Man bewegt sich nicht und richtet seine Aufmerksamkeit auf eine Sache wie etwa den Atem und entwickelt auf diese Weise eine anhaltende Aufmerksamkeit, die auf einen einzigen Punkt gerichtet ist. Ein ruhiger und fokussierter Geist kann *Vipassana*, die Einsichtsmeditation, durchführen. Dabei handelt es sich um eine analytische Methode, mit der man den Geist und seine Inhalte beobachtet. Diese Übung ist die Grundlage für die Beherrschung des Geistes. Die Einsicht führt zur Loslösung von den fünf Hindernissen auf dem Weg zum Erwachen – Verlangen, Boshaftigkeit, Faulheit, Unruhe und Zweifel – sowie zur »klaren Sicht« beziehungsweise dazu, die Dinge so zu sehen, wie sie wirklich sind.

Wie kann die Meditation mir helfen, mit Alltagssituationen fertig zu werden?

Die Meditation trainiert den Geist, zur Ruhe zu kommen und zu beobachten. Sie eröffnet einen inneren Raum, in dem du deine Gedanken und Gefühle beobachten kannst, während sie entstehen und vergehen. Wenn du begreifst, dass Stimmungen, körperliche Empfindungen und Gedanken vergänglich sind – egal, wie sehr sie dir auch gefallen mögen –, reagierst du nicht mehr so häufig oder extrem darauf und reduzierst emotionale Ausbrüche oder unbesonnenes Verhalten. Ein ausgeglichener Geist hat die Möglichkeit zu entscheiden. Vor allem hält die Achtsamkeit dich im gegenwärtigen Moment. Anstatt Dinge aus der Vergangenheit zu bereuen oder über etwas in der Zukunft zu spekulieren, kannst du deine Aufmerksamkeit voll und ganz darauf konzentrieren, was sich genau vor dir abspielt, hier und jetzt.

Stell dir vor, du befindest dich in einer Menschenmenge, die einen berühmten Filmstar umringt. Plötzlich reicht dir jemand eine bis zum Rand mit Öl gefüllte Schale und sagt: »Du musst diese Schale auf deinem Kopf durch die Menschenmenge tragen, doch wenn du auch nur einen Tropfen verschüttest, werden wir dir den Kopf abschlagen.« Was meinst du – wird deine Aufmerksamkeit auf den Filmstar oder auf die Schale mit dem Öl gerichtet sein?

Auf die Schale natürlich. Aber ist es manchmal nicht besser, nicht darauf zu achten, was genau vor einem ist? Wenn ich zum Beispiel langweilige Routinearbeiten erledige, wie etwa Geschirr spülen oder Laub zusammenrechen, warum sollte ich meinen Geist da nicht umherschweifen lassen und die Zeit auf produktive Weise nutzen – etwa um über ein Problem nachzudenken, das ich lösen muss, oder um mir Gedanken über ein kreatives Projekt zu machen?

Nutzt du deine Zeit wirklich produktiv, wenn du deinen Geist umherschweifen lässt? Wenn du ständig entfernten Phantomen hinterherjagst, um ein Gefühl der Langeweile oder Abneigung zu vermeiden, wie kannst du dann jemals lernen, mit der Realität unangenehmer Geisteszustände fertig zu werden? Und wie sollst du dann jemals erkennen, dass der erste Schritt zur Minderung des Unbehagens darin besteht, diese Geisteszustände zur Kenntnis zu nehmen? Wenn du achtsam im Moment bleibst, kann alles Mögliche geschehen. Zum einen ist es weniger wahrscheinlich, dass du Geschirr zerbrichst oder über deinen Rechen stolperst – und somit, dass du dir oder anderen schadest. Zum anderen wirst du deine Aufgabe schneller und besser erledigen. Vor allem wirst du deine gewohnten Reaktionen klar erkennen und daher die Möglichkeit haben, deine Einstellungen und dein Verhalten zu ändern. Sei neugierig darauf, was du nicht magst oder nicht verstehst. Und während du das beobachtest, achte auch darauf, wie sich deine Gefühle diesbezüglich verändern.

Blockiert all die Achtsamkeit nicht unsere Spontaneität und verwandelt uns in Kontrollfreaks?

Genau das Gegenteil ist der Fall. Je achtsamer du bist – je bewusster du deine gegenwärtige Erfahrung wahrnimmst – desto leichter ist es, spontan und angemessen zu reagieren, egal, was auch geschieht. Das ist sehr befreiend. Wenn du darauf vertraust, dass du das Leben bewältigen kannst, was immer auch kommen mag, bist du in der Lage, dein Kontrollbedürfnis aufzugeben und dich trotzdem sicher zu fühlen.

Das klingt ja ganz danach, als hätte es praktische Vorteile, achtsam zu sein.

Es hat viele Vorteile. Dein Gedächtnis und deine Intuition werden dadurch gefördert. Dein Urteilsvermögen wird sich verbessern. Dein Körper wird ruhig und dein Geist klar und frei von Verunreinigungen sein. Die Achtsamkeit half einem meiner Anhänger, dem König Pansenadi, mit seiner Völlerei fertig zu werden. Ein aufmerksamer Mensch weiß, wann es genug ist. Und wenn du die vier Grundlagen der Achtsamkeit praktizierst – das heißt, wenn du sieben Jahre oder auch nur sieben Tage Achtsamkeit auf den Körper, auf die Gefühle, auf den Geist und auf die Geistesobjekte übst, dann wirst du die Weisheit eines *Arahat* erlangen beziehungsweise ein »Nicht-Wiederkehrender« werden. Du wirst von der Wiedergeburt auf der menschlichen Ebene befreit sein. Die Achtsamkeit ist der direkte Weg zur Verwirklichung des Nirwana.

Mitgefühl: Kaffee und Anteilnahme

Buddha strahlte Güte und Mitgefühl aus. Mit seinem eigenen Beispiel zeigte er, dass ein Geist, der vollkommen von Wohlwollen, Großzügigkeit und der Anteilnahme gegenüber anderen durchdrungen ist, eine befreiende Kraft ist. Liebende Güte, Mitgefühl, Mitfreude und Gleichmut – die *Brahmaviharas* beziehungsweise die »Erhabenen Verweilzustände« – sind nicht nur Instrumente für ein harmonisches Zusammenleben mit unseren Mitmenschen, sondern auch das wahre Zuhause eines erwachten Herzens. Der Buddha lehrte, dass Anteilnahme gegenüber anderen der Wut, Grausamkeit, Selbstsucht und Gleichgültigkeit entgegenwirkt und Achtsamkeit sowie innere Ruhe mit sich bringt.

In der heutigen Welt gibt es so viel Missgunst und sogar Hass. Was können wir dagegen tun?

Wenn man das Glück sucht, indem man andere verletzt, ist man ein Narr. Ich habe einmal gesagt: »Hass wird nie durch Hass beendet – nur die Liebe kann Hass überwinden. Dies ist ein ewiges Gesetz.« Hass entsteht, wenn man das Gefühl hat, von anderen getrennt zu sein. Sobald man die grundlegende Verbindung untereinander erkennt, die gemeinsame Menschlichkeit, entstehen positive Gefühle.

Aber wie bringen wir die Anteilnahme gegenüber anderen mit der Notwendigkeit, uns um uns selbst zu kümmern, in ein Gleichgewicht?

Beides geht Hand in Hand. Keiner ist dir wichtiger als du selbst und genauso ist es auch bei den anderen. Wenn du dir selbst wichtig bist, wirst du anderen Menschen nicht schaden, weil du weißt, wie sie empfinden. Die Harmonie in dir selbst und mit der Welt entsteht, wenn du die erhabenen Geistesmerkmale förderst, die auf Pali als *Brahmaviharas* beziehungsweise »Die vier Unermesslichen« bezeichnet werden: *Metta*, liebende Güte; *Karuna*, Mitgefühl; *Mudita*, Mitfreude, und *Upekkha*, Gleichmut. *Brahma* bedeutet »höchster« oder »himmlisch«, *Vihara* bedeutet »Verweilzustand«. Diese Merkmale werden häufig als »Göttlicher Verweilzustand« bezeichnet – sie sind der natürliche Aufenthaltsort eines Herzens, das von Gier, Wut, Abneigung und Unwissenheit befreit ist.

Wie unterscheiden sich die Bramaviharas voneinander?

Metta – die liebende Güte – wird häufig mit Freundlichkeit oder Wohlwollen übersetzt. Damit ist die geschwisterliche Liebe gemeint – das Anliegen, dass es allen Wesen gut gehen möge –, nicht aber romantische Gefühle oder körperliche Begierde. Nichts ist im Kampf gegen Gier und Boshaftigkeit so stark wie die Kraft der liebenden Güte. *Karuna*, das Mitgefühl, beschreibt die Empathie, das »Erzittern« des Herzens als Reaktion auf das Leid. Wir werden Zeuge des Leids und des Kummers anderer und wenden uns weder aus Angst oder Ekel ab, noch schwelgen wir in Sentimentalitäten oder übermäßigem Kummer. Mitgefühl ist das Gegenmittel gegen Grausamkeit. *Mudita* – die Mitfreude – ist die Freude über das Glück anderer. Für viele Menschen ist es das schwierigste *Brahmavihara*. Es ist häufig leichter, sich aufgrund von Neid oder Konkurrenzdenken mit dem Pech anderer zu trösten, als sich über ihren Erfolg zu freuen. Wenn man die Mitfreude fördert, überwindet man die Gleichgültigkeit gegenüber anderen. Aus diesen Geisteszuständen entwickelt sich *Upekkha* – Gleichmut –, das heißt die Fähigkeit, sein inneres Gleichgewicht zu bewahren und neutral zu bleiben, wenn man mit schwierigen Menschen zu tun hat oder mit der Wechselhaftigkeit des Lebens konfrontiert wird.

Gibt es spezielle Methoden, um diese Geisteszustände zu entwickeln?

Ein Weg besteht darin, liebende Güte an alle Wesen überall auszusenden und ihnen Sicherheit, Gesundheit, Glück und ein unbeschwertes Herz zu wünschen. Ich habe zuerst einigen Mönchen die folgende Übung zur Überwindung von Angst beigebracht. Einmal hatten sich diese Mönche während der Regenzeit zur kontemplativen Abgeschiedenheit in einen Wald zurückgezogen und wurden dort von Baumgeistern terrorisiert. Sie suchten mich auf und baten mich darum, ihnen einen anderen Ort für ihr Retreat, wie man es heute nennt, zuzuweisen. Aber ich sagte ihnen, die einzige Möglichkeit, die Belästigung zu beenden, bestünde darin, sich mit ihren Ängsten zu konfrontieren. Ich schickte sie in den Wald zurück und gab ihnen einige Verse über die universelle Liebe mit, über die sie meditieren sollten. Die Mönche entwickelten daraufhin so viel Liebe, dass die Baumgottheiten aufhörten, sie zu belästigen und sie fortan sogar beschützten.

Wie praktiziert man die liebende Güte?

Du kannst dein Wohlwollen bei der Meditation an alle Wesen überall aussenden, indem du zum Beispiel folgenden Wunsch wiederholst: »Mögen alle Wesen glücklich und sicher sein. Möge ihr Geist zufrieden sein.« Heutzutage beginnen viele Menschen die Übung damit, diese Sätze zunächst für sich selbst zu wiederholen. Auch du könntest auf diese Weise beginnen. Danach kannst du die liebende Güte an einen Wohltäter senden, dann an einen Freund, der dir am Herzen liegt, dann an eine »neutrale« Person – an jemanden, für den du weder positive noch negative Gefühle hegst. Wenn deine Praxis schon fortgeschritten ist, kannst du deine Aufmerksamkeit auf einen Feind richten – auf jemanden, mit dem du Schwierigkeiten hast. Beende die Übung damit, *Metta*, liebende Güte, an alle Wesen zu senden.

Wie können wir Mitgefühl entwickeln?

Mitgefühl kann dadurch hervorgerufen werden, dass man einen Wunsch an eine leidende Person aussendet, zum Beispiel folgenden: »Mögest du frei von Kummer und Leid sein.«

Und Mitfreude?

Zur Förderung der Mitfreude solltest du über das Glück oder den Erfolg eines anderen Menschen nachdenken. Wenn dieser Mensch nicht mehr auf der Erfolgswelle schwimmt, erinnere dich an die Zeit, als dies noch der Fall war, und stelle dir seinen zukünftigen Erfolg vor. Wenn es dir schwerfällt, sich für jemand anderen zu freuen, solltest du über deine ambivalente Haltung nachdenken – verfolge sie bis zu ihrem Ursprung zurück. Erkenne, dass deine Wut, dein Neid oder deine Angst keine Substanz haben.

Und wie können wir Gleichmut entwickeln?

Die traditionelle Übung zur Förderung von Gleichmut, vor allem, wenn du dich über jemanden ärgerst, besteht darin, dir bewusst zu machen, dass alle Wesen die Besitzer ihres Karmas sind und dass ihr Glück oder Unglück von ihrem eigenen Handeln abhängt. Bleibe so lange bei diesem Gedanken, bis sich sowohl die positiven als auch die negativen Gefühle auflösen und du einen Punkt erreichst, an dem du keine Präferenzen mehr hast. Du kannst deine Unvoreingenommenheit testen, indem du dir Folgendes vorstellst: Du gehst in Begleitung eines Freundes, eines Wohltäters, einer neutralen Person und eines Feindes eine Straße entlang. Plötzlich bedroht dich ein Bandit und fordert von dir, dass du einen deiner Begleiter an ihn auslieferst. Wenn du wirklich das Gefühl hast, dass keiner – einschließlich deines Feindes und dir selbst – vor den anderen geopfert werden sollte, hast du einen Zustand des Gleichmuts erreicht.

Wie können die Brahmaviharas mir helfen, mit meiner Wut auf einen anderen Menschen umzugehen – selbst wenn ich sein Verhalten entschieden ablehne?

Du gehst auf die gleiche Weise mit der Wut um. Eine Möglichkeit besteht darin, die Person zu ignorieren. Eine weitere wäre, eine der *Brahmavihara-Übungen* durchzuführen, über die wir schon gesprochen haben. Manchmal wird das eigene Mitgefühl bereits ausgelöst, wenn man sich bewusst macht, dass das Objekt des eigenen Zorns ein anderes leidendes Wesen ist. Das Karma wird sich darum kümmern. Du solltest dich in solchen Situationen stets darauf konzentrieren, deine innere Ruhe wiederzuerlangen.

Aber was ist, wenn die Person mich beleidigt oder sich rücksichtslos verhält? Es ist schwer, ein solches Verhalten einfach zu ignorieren oder zu denken: »Na ja, sein Karma wird das schon regeln.«

Betrachte es einmal auf eine andere Weise. Stelle dir eine Person vor, die unterwegs ist, zum Beispiel auf einer Landstraße dahinwandert und plötzlich schwer krank wird. Das nächste Krankenhaus oder andere ärztliche Hilfe sind weit entfernt. Da kommst du vorbei und hast Mitleid mit dem Menschen. Du denkst: »Dieser arme Wanderer muss medizinisch versorgt werden. Ich muss ihm helfen, sonst stirbt er vielleicht hier auf der Stelle.« Ist der Mensch, der dich ärgert, nicht genauso wie der Wanderer – ein Mensch, der Hilfe braucht? Vielleicht ist er körperlich nicht krank, aber siehst du nicht, dass er aufgrund all des negativen Karmas, das er anhäuft, in Not ist? Wenn du das begreifst, empfindest du dann nicht etwas Mitleid mit ihm – und hoffst, dass er sein falsches Verhalten erkennt, damit er nicht so viel leiden muss?

Liebe: Der Weg des Herzens

Ist Liebe die Antwort, wenn man ein gutes Leben führen möchte? Gibt es auf dem Weg zur Erleuchtung Raum für Liebesbeziehungen? Obwohl Buddha seine Ehefrau und seinen Sohn verließ, um im Wald zu meditieren, wusste er sehr viel über Liebesbeziehungen. Seine Lehren darüber, anderen Menschen nicht zu schaden und ihnen Vertrauen und Achtung entgegenzubringen, sowie die Hingabe, die er bei anderen weckte, leiten uns dazu an, unsere Beziehungen mit dem Partner, mit Verwandten und Freunden zu bereichern und somit wertvoller zu machen. Wenn die Liebe von Weisheit getragen wird und frei von ungesunder Anhaftung ist, kann sie ein Schlüssel zur Erfüllung sein.

Ein ungebundenes Leben mag für Mönche ideal sein, aber was ist mit all den anderen, die stark in ihre Ehe, die Familie und andere Beziehungen eingebunden sind?

Ich habe nichts gegen die Ehe. Wie glücklich kann man sich schätzen, wenn man einen passenden Partner findet. Aufgrund meiner eigenen Erfahrung wollte ich lediglich darauf hinweisen, dass es leichter ist, nach Erleuchtung zu streben, wenn man sich dieser Aufgabe voll und ganz widmen kann. Eine Berufstätigkeit oder familiäre Verpflichtungen lenken die Energie und Aufmerksamkeit ab.

Aber haben Sie nicht auch versichert, dass die Laienanhänger ebenfalls die Erleuchtung erreichen können?

Ja, das habe ich. Jeder kann den Pfad zur Erleuchtung beschreiten. Aber ein Haushaltsvorstand hat auch Verpflichtungen gegenüber seiner Familie und Freunden. Als wir uns einmal im Bambushain in der Nähe von Rajagaha aufhielten, fragte mich ein junger Schüler namens Singala, der sich intensiv dem Dharma widmete, wie er seinen Verpflichtungen gegenüber anderen nachkommen sollte. Ich sagte ihm, dass ein wahrer Freund großzügig, verständnisvoll und hilfsbereit ist. Er freut sich über die Erfolge der anderen und hält in schwierigen Zeiten zu ihnen. Er weiht seine guten Freunde in seine Geheimnisse ein und behält für sich, was sie ihm anvertrauen. Er gibt ihnen gute Ratschläge und ermutigt sie dazu, ihr Bestes zu geben. Ich gab Singala auch Ratschläge darüber, wie verheiratete Männer und Frauen eine glückliche Ehe führen können und was Eltern und Kinder einander schuldig sind.

Es erscheint mir etwas seltsam, dass gerade Sie Ratschläge zur Ehe und Kindererziehung geben, wo Sie doch Ihre Frau und Ihren kleinen Sohn verlassen haben.

Meine Frau erkannte, dass es mein Karma war, mein Zuhause zu verlassen, um nach spiritueller Erleuchtung zu streben. Vor 2500 Jahren war es nichts Ungewöhnliches, sein häusliches Leben aufzugeben und als Mönch umherzuziehen. Ich ging nicht fort, ohne mich vorher vergewissert zu haben, dass meine Familie gut versorgt war. Wenn du meine Lebensgeschichte kennst, wirst du wissen, dass meine Frau und mein Sohn Rahula später Anhänger des Dharma wurden, so wie viele Personen aus meinem größeren Familienkreis. Der Dharma war das größte Geschenk, das größte Erbe, das ich ihnen vermachen konnte.

Welchen Rat geben Sie Männern und Frauen, die eine liebevolle Ehe miteinander aufbauen möchten?

Es ist eigentlich sehr einfach. Ein Mann sollte seine Frau schätzen und ihr treu sein. Und er sollte zuvorkommend und respektvoll mit ihr umgehen, nie grausam oder beleidigend. Die Frau sollte im Haushalt das Sagen haben und der Mann sollte ihre Bedürfnisse großzügig erfüllen. Die Frau sollte ihrerseits treu sein und den Haushalt geschickt und fleißig führen. Außerdem sollte sie eine gute Gastgeberin für Verwandte und andere Besucher sein. Darüber hinaus sollte sie nicht verschwenderisch mit dem Geld ihres Mannes umgehen.

Einige Frauen könnten diese Ratschläge heutzutage als etwas sexistisch empfinden, aber ich kann mir vorstellen, dass sie in Indien vor 2500 Jahren wahrscheinlich ziemlich revolutionär waren. Sicherlich lohnt es sich heute, zumindest darüber nachzudenken. Aber was ist mit den Kindern – was sollten liebende Eltern für ihre Kinder tun und umgekehrt?

Liebevolle Eltern umsorgen und beschützen ihre Kinder und »führen sie in diese Welt ein«. Sie achten darauf, dass die Kinder sich ihren Lebensunterhalt verdienen können, wenn sie erwachsen sind, und vermachen ihnen ihr Erbe, wenn die Zeit dafür gekommen ist. Die Kinder sollten ihrerseits die Eltern ehren und sich um sie kümmern, wenn sie alt sind. Außerdem können die Kinder ihre Liebe und Wertschätzung zum Ausdruck bringen, indem sie zum Beispiel die Familientraditionen aufrechterhalten oder etwas spenden, um verstorbene Verwandte zu ehren.

Sie haben die Liebe auf eine sehr praktische Ebene heruntergeholt. Für mich spielt aber auch die Romantik eine große Rolle.

Ich bin ein praktischer Mensch. Verliebtheit und romantische Gefühle haben nichts mit Liebe zu tun. Es ist eine Verblendung – eine Anziehung, die wieder vergeht.

Und was ist mit der Hingabe? Ist das keine Liebe? Ich denke zum Beispiel an Ananda, Ihren langjährigen Begleiter. Er widmete sein ganzes Leben dem Dienst für Sie.

Er war mir und dem *Sangha* ein loyaler Freund. Aber als ich starb, verursachte seine Hingabe großes Leid bei ihm. Für gewöhnlich bringt die Liebe eine Bindung mit sich. Und aufgrund dieser Bindung kommt es zum Leid durch Veränderung, durch Trennung und durch Verlust. Erinnerst du dich an unser Gespräch über die *Brahmaviharas*, die erhabenen Geisteszustände? Liebe, die mit liebender Güte, Mitgefühl, Mitfreude und Gleichmut einhergeht, führt nicht dazu, an einem Objekt oder Geisteszustand festzuhalten, und ist daher frei vom Leid durch Anhaftung.

Jetzt bin ich verwirrt. Vorher sagten Sie, dass an der Ehe nichts verkehrt sei. Aber die Liebe zwischen zwei Menschen in einer hingebungsvollen Beziehung führt doch automatisch zu einer Bindung und – nach dem, was Sie gerade gesagt haben – zu Leid. Daher nehme ich an, dass Liebesbeziehungen keinen Platz auf dem Pfad zum Erwachen haben.

Die positiven Elemente einer wahren Freundschaft – Großzügigkeit, freundliche Worte, gegenseitige Unterstützung, die Bereitschaft, stets für den anderen da zu sein – machen sie zu einer wertvollen und sogar edlen

Aufgabe. Obwohl es in einer Liebesbeziehung unweigerlich zu einer gewissen Bindung kommt, führt sie nicht automatisch zu einer ungesunden Anhaftung. Durch die Bindung lernt man etwas über das Nicht-Anhaften – darüber, sich nicht anzuklammern. Jede Beziehung, egal, ob es sich dabei um eine Freundschaft oder eine Liebesbeziehung handelt, bietet beiden Menschen die Möglichkeit, im Dharma zu wachsen. Jeder ist ein Spiegel für den anderen, in dem sich sowohl dessen Charaktereigenschaften spiegeln, die korrigiert werden sollten, als auch jegliche Besitzgier sowie jegliche Wut und Selbstbezogenheit. Die Liebe kann der Pfad zur Erleuchtung sein. Du solltest allerdings nicht von einer *Liebesbeziehung* erwarten, dass sie dich wie von selbst dorthin führt.

Der Körper: Lotus-Zeit

Sex. Nach der Erleuchtung hatte der Buddha keinen mehr. Seine frühen Anhänger empfanden den Körper als etwas Lästiges. Später feierten tibetische Buddhisten ihn als »Hort der Glückseligkeit« und förderten die heilige Vereinigung. Sie sahen den Körper nicht länger als etwas »Unreines«, das man »gleichmütig ertragen« musste, sondern betrachteten ihn als ein Mittel zur Befreiung. Einige Gelehrte vertreten sogar die Ansicht, Buddha habe das Nirwana nicht unter dem Bodhi-Baum erreicht, sondern während eines tantrischen Rituals mit seiner Frau. Eine strittige Behauptung. Doch egal, was der Körper möglicherweise *nicht* ist, in jedem Fall ist er der Sitz der Meditation.

Sie haben den Körper als »krank, faulig und unrein«, als einen »Haufen aus eitrigen Wunden« und als »Krankheitsnest« bezeichnet. Was haben Sie gegen den Körper?

Der Körper selbst ist nicht das Problem. Er ist nichts als ein Konglomerat aus Knochen, Gewebe und Flüssigkeiten, das krank und alt wird und schließlich stirbt. Das Problem ist die Anhaftung – die Faszination angesichts des Körpers und der sinnlichen Begierden, die darin entstehen.

Aber in Ihren Lehren preisen Sie die Enthaltsamkeit enorm an. Wenn das keine Verleugnung des Körpers ist, was dann?

Ich lehre lediglich die Wahrheit des Leidens und wie das Leiden beendet werden kann. Das Nirwana bedeutet Freiheit vom Verlangen. Das sinnliche Verlangen ist das erste von fünf Hindernissen – negativen Geisteszuständen –, die den Weg zum Erwachen blockieren. In einer meiner ersten Reden, die heute als Feuerpredigt bekannt ist, habe ich Folgendes gesagt: »Alles brennt. Und was, ihr Mönche, brennt alles? Das Auge ... das Ohr ... die Nase ... die Zunge ... der Körper ... der Geist ... Wodurch brennt es? Durch das Feuer der Lust, durch das Feuer des Hasses, durch das Feuer der Verblendung.« Es gibt viele sinnliche Begierden, denen die Menschen zum Opfer fallen, aber der Hunger nach Sex gehört zu den hartnäckigsten. Wenn man innere Freiheit erreichen möchte, muss man seine Lust unterdrücken. Daher ist die Enthaltsamkeit eine grundlegende Regel im mönchischen Leben. Mönche, die ihr Gelübde brechen, werden aus der Gemeinschaft ausgeschlossen. Die Enthaltsamkeit fördert nicht nur das Erwachen jedes Einzelnen, sie spielt auch eine wesentliche Rolle für die Ordnung innerhalb der Gemeinschaft.

Und was ist mit dem Mittleren Weg? Ich dachte, der Edle Achtfache Pfad sei ein gemäßigter Kurs zwischen den Extremen der Zügellosigkeit und der strengen Selbstkasteiung?

Die Verhaltensregeln für Laien verbieten den Sex nicht. Die dritte Regel lautet: »Ich werde keine sexuellen Verfehlungen begehen.« Mit sexuellen Verfehlungen sind ausbeutender Sex sowie Sex gegen den Willen eines anderen gemeint – also alles von Vergewaltigung über Ehebruch bis hin zu Praktiken, denen einer der Partner nicht zustimmt.

In der Feuerpredigt haben Sie gesagt: »Wenn das Feuer der Lust gelöscht wird, ist man befreit.« Diese Aussage bezog sich auf alle sinnlichen Begierden, nicht nur auf Sex. Aber wie sollen wir unser sexuelles Verlangen auslöschen?

Es gibt verschiedene Methoden, mit dem Geist zu arbeiten, um das sexuelle Verlangen zu unterdrücken. Wenn du über unangenehme Objekte meditierst, ziehst du deine Aufmerksamkeit von den Objekten deines Verlangens ab. Auf diese Weise wirst du in Bezug auf den Körper »desillusioniert«. Bei einer Übung geht es zum Beispiel darum, über die »Unreinheit« des Körpers zu reflektieren. Dabei gehst du im Geiste nacheinander jeden Teil des Körpers und all die verschiedenen Flüssigkeiten und Sekrete durch. Eine andere Übung besteht darin, sich den Körper als Leichnam vorzustellen, über den sich Aasgeier und Hyänen hermachen, bis nur noch die Knochen übrig sind. Wenn du den Körper als Leichnam oder als »einen Haufen aus eitrigen Wunden« siehst, löst sich deine Begeisterung dafür auf.

Sie können mir nicht erzählen, dass Sie nicht hin und wieder an Sex gedacht haben – zum Beispiel beim Anblick einer schönen Frau.

Sobald ich die Erleuchtung erreicht hatte, verschwand das sexuelle Verlangen vollständig.

Offenbar denken nicht alle Ihre Anhänger, dass es möglich ist, das sexuelle Verlangen loszuwerden, indem man über die negativen Aspekte des Körpers meditiert, so wie Sie es beschrieben haben. Einige Buddhisten glauben doch auch, dass der Pfad zur Erleuchtung darin besteht, unser Verlangen auszuleben, anstatt es zu verleugnen?

Ich nehme an, du beziehst dich auf die tantrischen Lehren des Vajrayana, des »Diamant-Fahrzeugs«. Die tibetischen Buddhisten glauben, ich hätte diese Lehren weitergegeben, als ich mich in meinem Dharmakaya-Körper befand – meiner vorübergehenden Manifestation. Anstatt das sexuelle Verlangen durch Enthaltsamkeit zu unterdrücken oder zu sublimieren, fördern Praktizierende des Tantra es aktiv, da sie darin ein Mittel zur Befreiung sehen. Manchmal führen sie dazu sexuelle Rituale mit einem tantrischen Partner durch, doch häufiger visualisieren sie männliche und weibliche Gottheiten beim Geschlechtsverkehr. Sie symbolisieren die Vereinigung der weiblichen Energie der Weisheit und der männlichen Energie des Mitgefühls.

Das klingt ziemlich kompliziert. Kann jeder dem tantrischen Pfad folgen?

Es heißt häufig, Tantra sei für leidenschaftliche Menschen geeignet. Die Praktizierenden setzen ihre Leidenschaft ein – einschließlich der intensiven Energie des sexuellen Begehrens –, um ihr Herz zu öffnen und ihren Geist zu reinigen. Daraus entsteht das Gefühl der Glückseligkeit.

Die sinnliche Lust wird also nicht ausgelöscht, sondern vielmehr in eine spirituelle Ekstase verwandelt?

So ungefähr. Wenngleich die Ekstase nicht das Ziel ist. Das Ziel ist das Erwachen. Du solltest bedenken, dass es sich bei tantrischen Praktiken nicht um gewöhnlichen Sex handelt. Die Lehren beinhalten sexuelle Yogapraktiken und gelten verständlicherweise als »geheim«. Sie werden nur von eingeweihten Meistern an Schüler weitergegeben, die sich durch ein intensives Meditationstraining darauf vorbereitet haben.

Anhänger des Tantra sind davon überzeugt, dass die sexuelle Energie sich nicht einfach auflösen lässt, egal, wie intensiv man auch meditiert. Nur wenn man das

Verlangen voll und ganz zulässt, kann man es dem Vajrayana zufolge beherrschen und in diesem Leben die Erleuchtung erreichen.

Der Weg des Bodhisattva: Nach dir!

Nach Erlösung zu streben ist ein edles Ziel – es ist der Pfad des *Arahat*, des »Wertvollen«, den die frühen Anhänger Buddhas beschritten. Allerdings strebt der *Bodhisattva*, das »Erleuchtungswesen«, nach mehr. Er will die Erleuchtung nicht nur für sich selbst erreichen, sondern sie zum Wohle aller einsetzen. Der Sicht des Mahayana zufolge sind wir alle bereits erwachte Buddhas – wir wissen es bloß noch nicht. Inspiriert durch Buddhas Reise der Selbstbefreiung – sowie durch sein grenzenloses Mitgefühl und seine unendliche Weisheit – gelobt der Bodhisattva, uns zur Erlösung und zur Verwirklichung unserer Buddhanatur zu führen.

Zu Ihrer Zeit war es das höchste Ziel, ein Arahat zu werden. Heutzutage scheint sich niemand mehr damit zufriedenzugeben. Jeder möchte ein Buddha sein. Manche Lehrer sagen uns sogar, dass wir bereits Buddhas sind und es nur nicht erkennen, weil unser Geist noch durch Gier, Abneigung und Täuschung vernebelt ist.

Das ist die Sicht des Mahayana. Demnach hat jeder eine Buddhanatur – ein Buddhapotenzial, das darauf wartet, verwirklicht zu werden. Wie du gesagt hast, strebten frühe Anhänger des Dharma danach, *Arahats* zu werden – und somit vom *Samsara* befreit zu werden und der Wiedergeburt auf der menschlichen Ebene zu entkommen. Als sich die Mahayana-Tradition in den Jahrhunderten nach meinem Tod entwickelte, vertraten ihre Anhänger die Meinung, dass es egoistisch sei, nur um seiner selbst willen nach Erleuchtung zu streben. Doch ich entschloss mich aus Mitgefühl für die Leidenden der Welt, die Wahrheiten, die ich erkannt hatte, weiterzugeben. Und aus Mitgefühl sandte ich meine ersten 60 Anhänger aus, um andere den Dharma zu lehren. Nach meiner Zeit entwickelte sich im Mahayana der Weg des *Bodhisattva*, des »Erleuchtungswesens«. Der Bodhisattva hilft anderen dabei, erleuchtet zu werden. Am besten gelingt ihm das, wenn er vollständig erwacht ist und den reinen Geist eines Buddha besitzt. Der Bodhisattva gelobt, sich das *Pari-Nirwana* – die letzte Erleuchtung – vorzuenthalten, bis alle Lebewesen überall befreit sind.

Auf wessen Idee gründet der Weg des Bodhisattva?

Der Begriff »Bodhisattva« bezog sich ursprünglich auf mich, in den Tagen – und Leben – vor meiner Erleuchtung. Seitdem wurde er auf jeden angewendet, der danach strebt, ein Buddha zu sein. Mein unendliches Mitgefühl gegenüber allen Wesen dient als Beispiel für die altruistische Hingabe eines Bodhisattva.

Gibt es im Moment Bodhisattvas auf der Welt?

Ja. Dem Mahayana zufolge gibt es Bodhisattvas auf der irdischen Ebene. Sie arbeiten daran, die *Paramita*, die Tugenden eines Buddha, zu vervollkommnen. Transzendente Bodhisattvas dagegen haben die Vollkommenheit bereits erreicht und schweben in den himmlischen Bereichen, um die Weltkinder in ihrem spirituellen Streben zu unterstützen. Der am meisten verehrte transzendente Bodhisattva ist Avalokitesvara, der Bodhisattva des

Mitgefühls. Bei den tibetischen Buddhisten heißt er Chenrezig, bei den Japanern heißt er Kannon und bei den Koreanern Kwan Um. In China entspricht ihm die weibliche Bodhisattva Kwan Yin.

Wie entscheidet es sich, wer ein Bodhisattva wird? Steht der Pfad jedem offen?

Das Karma drängt manche Menschen zum Pfad der Befreiung. Dann müssen sie *Bodhicitta*, den »Herz-Geist der Erleuchtung« aufwecken – den altruistischen Wunsch, zum Wohle und zur Befreiung aller Wesen zu erwachen. *Bodhicitta* ist mehr als ein Gefül der Anteilnahme. Der Bodhisattva übernimmt aktiv Verantwortung für das Wohlergehen anderer. Dieses Ideal wird im Gelübde des Bodhisattva erkennbar, das kurz gefasst lautet:

Wie zahllos alle Wesen auch sein mögen, ich gelobe, sie alle zu retten.

Wie unerschöpflich die Täuschungen auch sein mögen, ich gelobe, sie alle zu überwinden.

Wie unermesslich die Dharma-Lehren auch sein mögen, ich gelobe, sie alle zu meistern.

Wie unendlich der Weg des Buddha auch sein mag, ich gelobe, ihm zu folgen.

Nehmen wir an, ich hätte Bodhicitta erweckt und das Bodhisattva-Gelübde abgelegt. Was kommt dann?

Dann geht es darum, die *Paramita*, die Vollkommenheiten, zu fördern. Die ursprüngliche Liste enthält die zehn Tugenden, die ich im Laufe vieler Leben vervollkommnet habe, um mich auf meine letzte Wiedergeburt und mein Erwachen als Shakyamuni Buddha vorzubereiten: Gebefreudigkeit, Sittlichkeit, Entsagung, Weisheit, Beharrlichkeit, Geduld, Aufrichtigkeit, Entschlossenheit, Wohlwollen und Gleichmut. Der Mahayana veränderte die Liste. Das Prajnaparamita beziehungsweise das Sutra der »Vollkommenheit der Weisheit« nennt sechs Vollkommenheiten: Gebefreudigkeit, Sittlichkeit, Geduld, Tatkraft, Meditation und Weisheit. Ein späteres Mahayana-Sutra fügt vier weitere Tugenden hinzu: geschickte Mittel, Entschlossenheit, spirituelle Kraft und Wissen. Zusammen entsprechen diese Tugenden den *Bhumis* – den zehn »Ländern« oder Stufen spiritueller Entwicklung auf dem Pfad zur Buddhaschaft.

Ich dachte, der Weg des Bodhisattva stünde jedem offen. Aber all diese Stufen und Tugenden überwältigen mich etwas. Gibt es keinen Kurs für Anfänger?

Wie wäre es, wenn du damit anfängst, deine Gebefreudigkeit zu vervollkommnen? Damit habe auch ich als Bodhisattva begonnen. Etwas zu geben, wenn du darum gebeten wirst, ist gut; zu geben, *bevor* du darum gebeten wirst, ist noch besser. Am besten ist es, das Wertvollste von dem zu geben, was du hast.

Ist diese Selbstaufopferung wirklich nötig? Hilft es anderen tatsächlich, wenn ich mein Leben für sie aufgebe?

Du gibst dein Leben nicht für andere auf. Du widmest es ihrem Wohl. Ein Bodhisattva gelobt, das Leiden zu mindern, wo immer es geht. Der Weg, um das zu tun, besteht darin, dich zu vervollkommnen – die *Paramita* zu praktizieren und die Tugenden eines Buddha zu entwickeln. Die Gebefreudigkeit dient somit auch deinem eigenen Wohl, da sie dich von Gier und Verlangen befreit.

Gegenseitige Abhängigkeit: Gute Nachbarn

Wir sitzen alle in einem Boot, so lehrt es uns das Avatamsaka-Sutra. Jeder Mensch ist ein Edelstein, in dem sich alle anderen Edelsteine im riesigen himmlischen Netz des Gottes Indra spiegeln. Soziale Ungerechtigkeit, ökonomische Ungleichheit, politische Unterdrückung – Gewalt gegenüber einem von uns übt dem Buddha zufolge Gewalt auf uns alle aus. Weisheit und Mitgefühl, so heißt es in seinen Lehren, sind unsere besten Waffen gegen Angriffe auf unsere Sicherheit und unser Glück, während die Freigebigkeit essenziell dafür ist, eine materielle Stabilität für jeden zu gewährleisten – und das ist eine Voraussetzung für spirituelle Entwicklung und soziale Harmonie.

Die buddhistische Praxis zielt auf ein nach innen gerichtetes, spirituelles Leben ab. Wie können wir ein solches Leben mit den Maßnahmen vereinbaren, die nötig sind, um gegen Gewalt und Ungerechtigkeit in der Welt anzukämpfen?

Siehst du einen Unterschied zwischen der spirituellen Praxis und anderen Aktivitäten in der Welt? Die Lehre von *Paticcasamuppada*, dem bedingten Entstehen, zeigt uns, dass nichts in der Welt isoliert für sich existiert. Die äußere Umwelt ist ein Spiegel deines inneren Lebens. Konflikte entstehen zum großen Teil aufgrund von Selbstzentriertheit, Intoleranz und einem Gefühl des Getrenntseins im Herzen und im Geist von Individuen.

Aber so viel Gewalt – zumindest Kriege – scheinen von unseren Führern herbeigeführt zu werden. Was können wir als Individuen dagegen tun?

Du kannst der Gewalt nur entkommen, indem du ihre Ursachen aus deinem eigenen Herzen entfernst. Die Meditationspraxis ist eine Kraft für den Frieden. Die Liebende-Güte-Meditation ist, wie wir gesehen haben, ein Weg, um das Gefühl des Getrenntseins zu überwinden, das dich daran hindert, dich mit dem Leid der anderen zu identifizieren. Ein anderer Weg ist eine Übung, die lange nach meiner Zeit von tibetischen Buddhisten entwickelt wurde. Sie heißt *Tonglen* – Geben und Nehmen – und öffnet dein Herz für alle, die leiden. Außerdem verbindet sie dich mit deinem natürlichen Zentrum des Gutseins, sodass du Wut und Verzweiflung in liebende Güte verwandeln und diese an andere aussenden kannst. Es ist hilfreich, *Tonglen* zunächst für jemanden zu praktizieren, der dir am Herzen liegt, bevor du dich auf eine Person oder eine Gruppe von Menschen ausrichtest, die du als Feinde siehst.

Beginne damit, ruhig dazusitzen und lass deinen Geist ebenfalls zur Ruhe kommen. Visualisiere dann die leidende Person und stelle dir jeden Aspekt ihres Leids genau vor. Wenn du die Wut oder Verzweiflung des anderen Menschen intensiv spürst, visualisiere sie als dichte, dunkle Rauchwolke. Atme ein und sauge den Rauch tief in dich hinein. Dann stellst du dir vor, dass er von jeglicher Negativität gereinigt und in reines, weißes Licht verwandelt wird. Während du ausatmest, schickst du dieses Licht des Friedens an die leidende Person.

Viele Konflikte entstehen heutzutage offensichtlich durch ein ökonomisches Ungleichgewicht. Wie sollen wir damit umgehen?

Wirtschaftliche Ungerechtigkeit entsteht, wenn der Geist der Menschen von Gier und Neid verdorben ist, die von einem Gefühl des Mangels verursacht werden. Freigebigkeit dagegen kann das Missverhältnis zwischen Reich und Arm beseitigen. Wenn man begreift, dass die Unterschiede zwischen den Menschen unbegründet sind, entsteht automatisch der Wunsch, das Leiden anderer zu lindern.

Zu meiner Zeit war das Kastenwesen in Indien stark ausgeprägt. Die Menschen, die nach dem Dharma strebten, stammten allerdings aus allen gesellschaftlichen Schichten, und manchmal gab es Meinungsverschiedenheiten darüber im *Sangha*. Doch die Lehren sind klar: Der Dharma ist für alle derselbe, und in den Augen des Dharma sind alle Menschen gleich.

Kam es gelegentlich nicht auch zu heftigen Streitereien, bei denen Sangha-Mitglieder wutentbrannt fortgingen? Und wurde nicht auch Ihr Leben bedroht?

Es gab Leute, die mit den Lehren nicht einverstanden waren. Manche, die fortgingen, kehrten wieder zurück. Andere kamen nicht wieder. Bedrohte jemand die Sicherheit und das Wohlergehen der Gemeinschaft, wurde das nicht toleriert. Unruhestifter wurden gebeten zu gehen. Der Dharma – und natürlich das mönchische Leben – sind für Menschen gedacht, die ernsthaft danach streben. Nicht jeder ist für ein Leben voller Entsagungen geschaffen, aber der Dharma steht jedem offen. Er schließt niemanden aus.

Ist Gewalt jemals gerechtfertigt? Zum Beispiel, wenn man sich selbst verteidigt? Kann es einen gerechten Krieg geben?

Nein, nein und nochmals nein! Wie ich häufig gesagt habe, wird Hass nie durch Hass besänftigt. Nur der Liebe ist das möglich. Wenn jemand wütend ist, besteht deine beste Verteidigung darin, »bewusst ruhig zu werden«. Ein Mensch, der gegenüber einem wütenden Menschen seine Beherrschung nicht verliert, gewinnt einen Kampf, der schwer zu gewinnen ist.

Soll das heißen, es ist in Ordnung, wenn ein Mensch ungeschoren davonkommt, nachdem er einen anderen beraubt oder sogar getötet hat, oder wenn ein Despot immer wieder sein Volk quält und schikaniert? Unter diesen Umständen ist es doch bestimmt nicht nur akzeptabel, sondern vielmehr unsere Pflicht gegenüber unseren Mitmenschen, unsere Wut gezielt einzusetzen – und, falls nötig, auch Gewalt anzuwenden.

Glücklich ist derjenige, der ohne Hass unter hasserfüllten Menschen leben kann. Es ist ungemein schwierig in dieser Welt, sich zu beherrschen, wenn man mit Wut konfrontiert wird. Aber der Wut mit Wut zu begegnen, macht alles nur noch schlimmer. Manchmal ist es nötig, sich selbst zu schützen, aber wann immer es möglich ist, sollte man »moralische Stärke« der körperlichen Gewalt vorziehen. Und was den »gerechten« Krieg betrifft: Es gibt ihn nicht! Sieg brütet Hass aus; die Besiegten leben in Not. Die Siegerpartei fühlt sich der anderen überlegen, und das erzeugt neuen Hass und neues Leid bei den Besiegten. Wenn es keinen Krieg gibt, stellt sich die Frage, wer gewonnen und wer verloren hat, überhaupt nicht.

Soll das heißen, dass jede Form von Konkurrenz nicht im Sinne des Dharma ist?

Überall dort, wo es Gewinne und Verluste gibt, kann Neid entstehen. Ungleichheit führt zu Hass und Unfrieden. Der Pfad zum Glück besteht nicht darin, die Unterschiede zwischen den Menschen zu betonen, sondern darin, die Gemeinsamkeiten zu erkennen. Das Überleben der Menschheit hängt von einem friedlichen Zusammenleben ab – und zwar nicht nur miteinander, sondern auch mit der Natur. Ein wahrhaft sittliches Leben basiert auf Toleranz, Mitgefühl und einem Gefühl der Verantwortung für das Wohlergehen aller.

Kann Wut je etwas Positives sein?

Wut ist eine destruktive Emotion, der man sich nicht hingeben darf. Wenn man harte Worte ausspricht, können sie auf einen selbst zurückgeschleudert werden. Wie eine Kletterpflanze, die den Baum erstickt, an dem sie wächst, schadet man sich selbst, wenn man seinem Zorn nachgibt – und der innere Feind geht als Sieger hervor. Anstatt im Zorn zu handeln oder zu sprechen, sollte man einen Weg finden, sein Herz zu öffnen – das ist eine angemessene Reaktion. Dann kann man konstruktiv handeln, ohne die Gewalt in der Welt zu mehren.

Nachschlag gefällig? Leseempfehlungen

Die Reden des Buddha. Ausgewählt und mit einem Nachwort von Helwig Schmidt-Glintzer. Übers. v. Hermann Oldenberg. München 2005 (dtv 34243; Kleine Bibliothek der Weltweisheit, 2)

Weisheiten des Buddha. Hrsg. v. Anne Bancroft. Übers. v. Elisabeth Liebl. München 2002 (dtv 34103)

Lektionen der Stille. Klassische Zen-Texte. Ausgewählt und mit einem Nachwort von Helwig Schmidt-Glintzer. München 2007 (dtv 34453; Kleine Bibliothek der Weltweisheit, 20)

Andreas Gruschke: *Das Leben Buddhas*. Freiburg 2002

Volker Zotz: *Buddha*. Reinbek, 6. Aufl., 2001

Ditte und Giovanni Bandini: *Als Buddha noch nicht Buddha war. Geschichten aus früheren Existenzen des Erleuchteten*. München 2006 (dtv 34352)

Bernard Glassman: *Das Herz der Vollendung. Unterweisungen eines westlichen Zen-Meisters*. Übers. v. Bernd Bender. München 2006 (dtv 34348)

Nyanatikola Mahathera: *Das Wort des Buddha*. Stammbach 2000

Sakyong Mipham: *Den Alltag erleuchten. Die vier buddhistischen Königswege*. Übers. v. Maike und Stephan Schuhmacher. München 2007 (dtv 24586)

Ders.: *Wie der weite Raum. Die Kraft der Meditation*. Vorwort von Pema Chödrön. Übers. v. Stephan Schuhmacher. München 2005 (dtv 24445)

Geshe Michael Roach: *Die Weisheit des Diamanten. Buddhistische Prinzipien für beruflichen Erfolg und prvates Glück*. Übers. v. Michael Wallossek. München, 4. Aufl. 2008 (dtv 34198)

Thich Nhat Hanh: *Wie Siddharta zum Buddha wurde. Eine Einführung in den Buddhismus*. Übers. v. Ursula Richard. München 2004 (dtv 34073)

Ders.: *Nimm das Leben ganz in deine Arme. Die Lehre des Buddha über die Liebe*. Übers. v. Karin Siebert. München 2006 (dtv 34281)

Sylvia Wetzel und Karin Burschik: *Hoch wie der Himmel, tief wie die Erde. Meditationen zu Liebe, Beziehungen und Arbeit*. München, 2. Aufl. 2007 (dtv 34103)